Pál Nagyiván

Am Pipalbaum werden wir uns wiedersehen

Acht Erzählungen über Begegnungen in Nepal

Verlag Neue Literatur
2014

Bibliografische Information Der Deutschen Bibliothek
Die Deutsche Bibliothek verzeichnet diese Publikation in der Deutschen Nationalbibliografie; detaillierte bibliografische Daten sind im Internet über http://dnb.ddb.de abrufbar.

2., erw. Auflage
Gesamtherstellung: Satzart Plauen
Printed in Germany

ISBN 978-3-938157-19-0

Inhaltsverzeichnis

Vorwort

Kein Öl! In Nepal gibt es kein Öl. Dafür Berge. Die Berge sind das Öl Nepals. Aber für die Berge interessiert sich die Gemeinschaft wenig. Deshalb ist das Geschehen in Nepal oftmals nur ein Randgeschehen in der internationalen Berichterstattung der Medien.

Warum gibt es dennoch Touristen, die in dieses Land reisen? Ist es die Himalajaromantik? Das Bergsteigen an sich? Wie sehen die Nepalesen den Fremden in ihrem Land? Was ist das für eine Kultur zwischen Göttern, Sadhus und Mönchen? Diese Fragen werden wir wohl nie vollständig beantworten können. Man kann lediglich einen Einblick in das Land und seine Kultur bekommen.

Ein kleinen Einblick sollen die sechs vorliegenden Erzählungen geben. Die Handlungen sind zwar erfunden, jedoch fließen Erfahrungen und Begebenheiten, die ich während meiner Aufenthalte in diesem Land erlebte, mit ein. Man wird sich nie als Kenner dieses Landes bezeichnen können, da es in seiner Vielfalt immer wieder überrascht.

Religion und Aberglaube beeinflussen das Tun der Menschen in Nepal. Die Religion wird vom Reisenden oft im »romantischen Licht« gesehen. Sie hat aber einen ähnlichen Einfluss auf die nepalesische Kultur gehabt, wie die Christenheit die Kultur in Europa in den vergangenen Jahrhunderten beeinflusste.

Leider liegt die Realität fern jeglicher Romantik: Armut, Maoistenkonflikt und eine bodenlose Korruption kennzeichnen die Wirklichkeit. Und noch etwas offenbart sich dem Entdecker, der von den bekannten Trekkingwegen abweicht: Die Erkenntnis, dass es Dinge gibt, die wir auf Grund unserer angeblich so fortschrittlichen Welt nicht wahrhaben wollen.

Pál Nagyiván

Vorwort zur zweiten Auflage

Für die zweite Auflage dieses Buches sind zwei Erzählungen ergänzt worden. In der Geschichte »Maya und die Ziege« geht es um die in Nepal vom Hindu als »unsere Kultur« bezeichneten Opferrituale, die aber von Buddhisten und Christen abgelehnt werden. Die Geschichte »Von dem Dummen und dem Faulen« ist in der in Nepal üblichen schlichten Erzählweise gestaltet. In allen Erzählungen dieses Buches geht es nicht darum, ein Land in »übertrieben negativem Licht« darzustellen, sondern einfach das Leben so zu schildern, wie es ist. Meinen Erzählungen liegen teilweise wahre Begebenheiten zugrunde. Den Stil habe ich der Erzählweise der Nepalesen so gut wie möglich nachempfunden. Ich hoffe, dass ich diese Berichte in die Erzählungen in angebrachter Weise eingearbeitet habe und so dem Leser diese interessante Kultur vorstellen kann.

Pál Nagyiván

Am Pipalbaum werden wir uns wiedersehen

Bahandur blieb stehen. Lange war er noch nicht unterwegs. Das Dorf lag hinter ihm. Er war auf die Reise gegangen. Die Reise in ein anderes Leben. Es war immer die Reise in ein anderes Leben.

An der Biegung blieb er stehen. Hier hatte er oft gestanden. An diesem Felsvorsprung. Ein gewaltiger Pipalbaum wuchs dort. Jahrhunderte alt. Ein heiliger Ort. Von hier aus konnte Bahandur auf die Weite der Landschaft blicken. Die grünen Berge, die sich in den Himmel erhoben. Wolken jagten dort vorbei, kündigten die Regenzeit an. Saftige, grüne Hänge. An den Hängen waren wie Stufen die Reisterrassen zu sehen. Die Terrassen führten bis hinunter zum Fluss. Zum Liku Kola. Von hier oben konnte man seine Wildheit nur erahnen. Glänzend schlängelte er sich durch die Landschaft. Das Land, in dem er geboren war. Seine Väter hatten hier gelebt und waren hier gestorben. Er hatte hier seinen Erbteil von seinem Vater erhalten. Das Stück Land, das nun hinter ihm lag. Im Dorf.

Bilder kamen und gingen. Bilder von einer Zeit, die nicht mehr war. Oft war er an dieser Biegung stehen geblieben. Wenn er im Winter von der kleinen Stadt am Fluss einen Sack Reis in das Dorf brachte. Wenn er nach den Ziegen schaute. Wenn er hier einfach vorbeikam.

Bahandur fasste in die Tasche seiner Weste und kramte etwas Tabak heraus. Er rollte den Tabak in ein Blatt vom Sahlbaum. Er stand und rauchte. Nach einigen Zügen wurde er von einem Hustenanfall geplagt. Er musste sich setzen. Auf die kleine Steinmauer, die den Pipalbaum umfriedete.

Wieder schaute er auf den Liku. Auf die weißen Schaumkronen, die hier oben kaum zu sehen waren.

Der Weg würde weit sein. Den ganzen Tag würde er gehen müssen. Die Wege waren hier immer weit gewesen. Meist musste man früh aufstehen, dann, wenn der Tag noch nicht geboren war.

Die Reisevorbereitungen treffen. Bahandur dachte zurück. Heute in der Früh hatte er zum letzen Mal ein Feuer im Haus entfacht. Das letze Mal Milchtee in seinem Haus gekocht. Die wenigen Habseligkeiten, die er noch besaß, in sein Bündel verstaut. Dann hatte er die Glut gelöscht. Das Holzfenster seines Hauses verriegelt. Die Tür geschlossen. Ein letztes Mal ging sein Blick zu dem kleinen Stall für die Tiere, den er vor zwei Jahren gebaut hatte. Dieser Stall war nun leer.

Die Tiere waren verkauft. Das Haus war leer. Auch das war verkauft. Genauso wie seine Terrassen. Er hatte sich auf den Weg gemacht. War den Hang im Morgengrauen hinaufgegangen, an der Dorfschule vorbei. Und dann kam er an die Biegung zu dem Pipalbaum. Hier stand er nun. Seine Gedanken waren jedoch schon auf dem Weg. Sie gingen zurück. Sie flossen, wie der Liku Kola.

Das Dorf von meinem Vater liegt sehr weit weg. Dorthin führt keine Straße. Man muss zu Fuß gehen. Ein Fremder braucht zwei, vielleicht sogar drei Tage, um dorthin zu gelangen. Wenn man es an einem Tag schaffen will, muss man sehr viel laufen. Man muss über mehrere Berge gehen, dann durch einen großen Dschungel. Dort gibt es jetzt sogar Räuber. Mehrere Menschen sind schon überfallen worden. Nach dem Dschungel kommt ein Fluss: Es ist der Liku. Der Weg war schon mal kürzer. Dort war eine kleine Brücke, aber die ist in der Regenzeit weggespült worden. Deshalb muss man in die entgegengesetzte Richtung gehen. Bis man zu einer Stadt mit dem Namen Sangutar kommt. Dort gibt es eine große Hängebrücke über den Liku. Ein Politiker hat sie bauen lassen. Als Dank dafür, dass die Leute von Sangutar ihn gewählt haben. Wenn man über diese Brücke gegangen ist, dann sind es noch etwa drei Stunden zu gehen in das Dorf von Vater.

Bahandur blickte in das Geäst des Baumes, sah wie der Rauch seiner Zigarette sich langsam auflöste. Sah zurück. Wie er des Morgens erwachte. Neben sich seine Frau. Sie schliefen gewöhnlich vor dem Haus. Auf der kleinen, aus Lehm gestampften Veranda. Die Kinder schliefen im Haus.

Morgens, wenn die ersten Lichtstrahlen durch die Bäume fielen, es langsam heller wurde. Die Gegenstände sich abzeichneten. Am Fußende der Strohmatte, die als Lager diente, stand noch der Tragekorb. Einige Maiskolben lagen dort. Langsam nahm alles weiche Morgenfarben an. Bahandur pflegte dann aufzustehen. Den großen Krug aus dem Haus zu nehmen. Er ging den Weg hinab zur Quelle. Schöpfte Wasser, trank einige Schluck von dem glasklaren Wasser. Füllte den Krug voll. Die Natur um ihn herum erwachte. Er sah die Insekten im Morgenlicht. Die Tautropfen auf dem Gras, die wie tausend Diamanten in der aufgehenden Morgensonne glitzerten. In solchen Augenblicken verweilte er oft an der Quelle, bevor er wieder zu dem Haus zurückging. All dies nahm er wahr als eine natürliche Gegebenheit. Ein Zustand, der immer schon so gewesen ist auf der ewigen Reise des Lebens.

Unter dem Dach seines Hauses war schon weißer Rauch zu sehen. Die Frau hatte Feuer gemacht. Er nannte sie »die Mutter von Kali«. Die ältere Tochter war sehr dunkel. Im Haus hockte seine Frau am Feuer und blies durch ein langes Bambusrohr in die Glut. Es roch stark nach Rauch. Die Kinder fingen an wach zu werden. Der Reis wurde gekocht. Bahandur kümmert sich dann um die Hühner. Sie wurden aus dem Haus gebracht. Er nahm die Strohkörbe und setzte die Hühner darunter. Gab ihnen Körner, die sie schnell aufpickten. Inzwischen war seine Frau mit dem Reiskochen fertig.

Dann hockte die Familie um das Feuer herum und aß den süßen Reis.

Die Kinder aßen begierig den Reis. Putzten den Teller noch mit der Hand aus, um ja kein Korn zurück zu lassen. Nach dem Essen wurde schnell alles zusammengeräumt. Eine Aufgabe der Töchter. Die Teller wurden mit Asche gereinigt. Die Strohmatten zusammengelegt. Bahandur holte schnell Kuhdung, um den Boden des Hauses zu heiligen. Er rollte den Dung und strich dann über den gestampften Lehm.

So ging es Morgen für Morgen. Tag für Tag. Bis sie nicht mehr war. Sie war jetzt auf einer anderen Reise, auf einem anderen Weg.

Bahandur sah auf die Zigarette in der Hand, sie war halb aufgeraucht.

Wir haben früher ganz im Dorf gelebt, dort, wo der kleine Fluss fließt. Das Dorf wurde vor einigen hundert Jahren gebaut, als die Chetri in diese Gegend zogen.

Wir waren mit Großvater zusammen im Haus. Die Großeltern, mein Vater und meine Mutter mit allen Geschwistern. Dann hat mein Vater das neue Haus gebaut. Es liegt etwas abseits. Das war vielleicht vor 15 Jahren. Das neue Haus liegt an dem Weg von der Schule zu dem Dorf. Zu dem Dorf braucht man vielleicht fünf Minuten. Alle, die dort wohnen, sind Chetri. Sie sind sehr bekannt dort.

Das Leben war hart und einfach im Dorf. Die wenigen Terrassen, die Bahandur zu bestellen hatte, konnten kaum die Familie ernähren. Oft hatte er im Winter Reis dazu kaufen müssen. Hatte sich von Sangutar den schmalen Weg hinauf gequält. Zwei Sack Reis. Das war schon der Preis für ein einjähriges Kalb. Harte Arbeit, das Jungtier großzuziehen. Am Anfang nahm man das Kälbchen mit in das Haus hinein. Beschützte es, als wäre es eines der Kinder. Den Reis brauchte er, weil der Boden in der Trockenzeit nichts mehr hergab. Es gab manchmal noch Mais, dann konnte man mit dem Reis länger auskommen. Sonst hätte ein Sack nur einen knappen Monat ausgereicht.

Später, ja später schickte ihm sein Sohn Geld aus der fernen Stadt. Es ist gut, einen oder zwei Söhne zu haben. Die ferne Stadt, die nun sein Ziel war, würde sein neues Zuhause werden. Was würde er dort wohl machen? Man würde sehen. Es gab immer etwas zu tun! Das Leben eines Farmers bestand aus Arbeit. Auch wenn es nur wenige Terrassen waren, die sein Vater ihm und den Brüdern zugeteilt hatte. Einige fruchtbare

Terrassen am Fluss waren auch darunter. Selbst das wenige, das er, Bahandur, besaß, wollten ihm einige nehmen. Seine Gedanken streiften die Vergangenheit, einiges fiel ihm bruchstückweise ein, flog wieder davon wie ein Vogel, der sich nur zu einer kleinen Rast auf einen Ast niederlässt.

Bilder kamen ihm in den Sinn. Von der Arbeit. Wie er sein Gespann mit dem Pflug über die kleinen Äcker lenkte. Schwer und mühselig, aber dennoch schön. Er mochte seine Arbeit. Oft hatte er ein verstecktes Lächeln am Mundwinkel. Wenn die Tiere versuchten, während der Arbeit von den oberen Terrassen Gras zu fressen. Wenn die Familie nach dem Pflügen den Boden weiter auflockerte. Wenn alle von groß und klein auf dem frischen Boden hockten und die neuen Setzlinge in den Boden steckten. Neues Leben in die Erde gaben, um altes zu erhalten. Wenn dann der ersehnte frische Regen kam, das Wasser, das der Boden und die Pflanzen brauchten. Ein warmer Regen. Die Landschaft erwachte dann in Tausenden von Grünfarben. Saftige Reisfelder in den verschiedensten Abstufungen. Das Grün der Bananenbäume. Seine Kinder, die in die Stauden kletterten, um sich Bananen zu pflücken. Die Geräusche von überall, er hörte im Geist das sanfte Rauschen des Regens, das Plätschern vom Hausdach. Das Gluckern des Wassers durch die kleinen Kanäle auf den Feldern. Durch kleine Rohrleitungen aus Bambus floss es von den höheren Feldern auf die darunter liegenden. Überall gluckste und plätscherte es. Klares, sauberes Wasser. Und darunter der Liku Kola. Der Fluss, der auch jetzt tief unter ihm herzog. Er nahm das ganze Wasser auf. Der Fluss kam aus den Bergen, von den Göttern, gab das Wasser und nahm es wieder.

Nun würde er die Felder hinter sich lassen. Alles, was er verkauft hatte. Er würde wieder in die Fremde gehen. Wie einst. Nur, dass er nicht mehr zurückkehren würde in das Dorf. Bahandur dachte an das eine Mal vor vielen Jahren, einige der Kinder waren noch nicht geboren, auch damals war er gegangen. Hatte für die Flussgötter eine Rupiemünze in das wilde Wasser geworfen. War dann tagelang weitergegangen und später mit dem Bus gefahren. Bis nach Indien. Dort, wo es die Arbeit gab. Wo er Geld verdienen wollte. Weit war er damals weg gewesen. In einer staubigen Stadt voller Menschen. Schlechte Arbeit gab es damals. Wenig zu essen und noch weniger Geld. Mit vielen hatte er in einem Raum geschlafen, mit nur einem Fenster. Der Boden war hart. Sie hatten nur Reismatten. Und manchmal nicht mal die. Dann schlief man direkt auf dem Boden. Die große, staubige, heiße Stadt, irgendwo in Indien, er hatte sogar ihren Namen vergessen. Was waren Namen? Es gab viel zu tragen. Menschen waren immer billiger als Maschinen. Er versuchte hart und viel zu arbeiten, bis er krank wurde und nicht mehr konnte. Dann gab es auch kein Geld mehr. Später war er wieder aufgebrochen, zurück in das Dorf. Er kam dort an mit kaum mehr, als er von dannen gezogen war. Das war schon lange her.

Bahandur schaute in die Wolken, die vorbeizogen. Einige waren fortgeeilt, andere Wolken kamen. Woran hatte er gerade noch gedacht? Die Zigarette war inzwischen kalt geworden. Bahandur schaute nach einem neuen Streichholz.

Wenn jemand gestorben ist, dann stellt man eine große Schale mit Reis hin. Um die Schale herum werden Kerzen gestellt und angezündet. Nach zwölf oder vierzehn Tagen sind Spuren im Reis zu sehen. Man weiß dann, in welches Leben der Verstorbene gegangen ist. Ob in das eines Hundes, einer Katze oder eines Vogels.

Es war ein Tag wie damals. Als der Himmel lachte. Die Wolken davonzogen. Die Vögel ihre Kreise zogen. Sich in Schwärmen in den Bäumen niederließen, um dann als Wolke aus dem Geäst wieder hervorzukommen.

Seine Braut. Ganz im roten Sari. Das Gesicht verhüllt mit einem Schleier. Bahandur erinnerte sich noch, wie sein Vater zwei Wochen vorher auf ihn zukam. Er könne jetzt heiraten. Er habe endlich eine Frau für ihn gefunden. In dem Nachbardorf. Drüben hinter dem anderen Berg. Er hatte sie vorher noch nie gesehen. Aber das war so. Sein Vater hatte seine Mutter auch vorher nicht gesehen. Seine älteste Tochter hatte er auch so verheiratet. Er wurde von einem anderen Vater gefragt. Sie hatten die Hochzeit ausgehandelt. So war es schon immer gewesen. Seit Bahandur zurückdenken konnte. Nun war es nicht mehr so. Schon seine andere Tochter wollte sich nicht mehr verheiraten lassen. Nicht mehr im Dorf leben. Alle gingen aus dem Dorf weg. Die Arbeit war zu schwer. Das Leben war zu schwer. Er fragte sich, ob das Leben immer schon so schwer gewesen war. Auch schon damals, als er sie geheiratet hatte, die Frau, die er später die Mutter von Kali nannte, die jetzt nicht mehr war.

Er sah plötzlich die Hochzeitsgesellschaft vor sich. Neben sich die Braut. Über allem lag eine Spannung, das Unbekannte, Neue.

Der Priester las monoton auf Sanskrit vor. Führte den Ritus durch. Immer wiederkehrende Formeln in einer Sprache, die niemand mehr verstand. Worte so alt, dass vielleicht der Priester selber nicht mehr genau wusste, was er vorlas. Zwischendurch erklärte er dem Paar den Ritus, den sie durchführen mussten. Der ganze Platz vor dem Haus war bedeckt mit Opfergaben. Reis, Bananen in kleinen Schalen, geflochten aus Blättern. Dazwischen Räucherstäbchen. Der Duft machte ihn benommen. Das Ganze wurde begleitet von eintöniger Trommelmusik sowie von Flötenspiel. Segenswünsche der Anwesenden. Dann, die Hochzeit war schon fortgeschritten, mussten beide auf einer Erhebung Platz nehmen. Die Füße entblößen. Bahandur meinte das Lächeln seiner Braut durch den Schleier hindurch wahrzunehmen. Der Priester goss heiliges Wasser über die Füße des Brautpaares und alle Angehörigen mussten das über die Füße geflossene Wasser trinken. Sie hatten alle gefastet. So verlangte es der Brauch, so war es immer gewesen. Am Ende der ganzen Zeremonie wurde die Braut von dem Haus der Brauteltern in das Haus des Bräutigams geführt. Ein bewegender Moment. Alle Bindungen der Braut zu ihren Eltern gingen in diesem Moment auf das Haus des

Bräutigams über. Ihr neues Zuhause. Unter den Frauen, den Schwestern der Braut, setzte in diesem Moment ein großes Weinen an. Sie weinten, weil sie das Haus der Eltern nun für immer verlassen würde. Sie beweinten ihre Jungfrauenschaft. Die Trommeln spielten, die Flöten spielten ihr eintöniges Lied.

Als ob ein Wind ihm die Melodie des Liedes aus der Ferne an sein Ohr wehte. Für einen Moment, für einen Hauch einer Sekunde lang meinte Bahandur sogar die Worte des Liedes zu hören:

»Na Rou Na Rau He Dulhai Nani Maiti g har ma amakko pir mani.« Nicht weinen meine Braut, sei nicht besorgt um deine Mutter.

Der Gedanke wehte vorbei. Bahandur war wieder allein. War das ganze Leben nicht eine Rast auf dem ewigen Weg?

Vater hatte oft auf die Kuh geschimpft, wenn sie keine Milch gegeben hat. Er hat dann mit einem Stock auf das Tier eingeschlagen und gesagt: »Warum gibst du den Kindern keine Milch? Du kannst den Abhang runterfallen!« Die Kuh hat dann trotzdem keine Milch gegeben.

Solange sich Bahandur zurückerinnern konnte, bestand sein Leben aus Arbeit. Auch die anderen im Dorf mussten hart arbeiten. Doch waren die ältesten Kinder aus dem Dorf weggezogen. In die Stadt. Um ihr Glück zu machen. Die eine Tochter war sogar weit weggegangen. Mit einem Fremden. Wie gut, einen Sohn zu haben! Er würde sich um einen kümmern, wenn man alt war. Bahandur war jetzt alt. Er war noch ein Jahr im Dorf geblieben, wie es der Priester gefordert hatte. Hatte für die Kinder gesorgt, die mit ihm im Dorf geblieben waren. Jetzt waren sie schon zu ihrem Bruder in die Stadt gezogen. Was sollte er dort? Es würde schon etwas geben. Arbeit gab es immer. Er war schon drei- oder viermal in der Stadt gewesen. Ob die Menschen dort anders waren? Bahandur konnte die Frage nicht beantworten. Schlechte Menschen gab es überall. Auch im Dorf.

Bahandur sah in den Himmel, in die Wolken. Er sah, wie sich die Menschen im Dorf um ihn stellten, ihn umringten, beschuldigten. Er sei ein ganz gemeiner Mörder, hatten sie gesagt. Er solle die Tote wieder ausgraben. Man drohte ihm. Man würde ihn binden und nach Okaldunga in das Gefängnis bringen. Er solle 60 000 Rupien zahlen oder er käme ins Gefängnis. Er solle den Mord doch endlich zugeben.

Bahandur war damals fassungslos. Er hatte doch nichts getan. Nur der Frau geholfen, die nach Kathmandu gehen wollte. Sie hatte bei ihm am Abend angeklopft. Ihn gefragt, ob er auf einige Dinge aufpassen könnte. Die Frau hatte die Geräte in seinem Haus untergestellt. Einen Pflug, einen Korb, eine Hacke. Dann war sie am frühen Morgen aufgebrochen, in die große Stadt, um ihren Sohn zu sehen. Später am Tag kamen die Kinder aus dem Dorf. Spielten in Bahandurs Haus.

Ob die Menschen im Dorf schlecht waren? 60 000 Rupien sollte er zahlen, um nicht in das Gefängnis zu kommen. Die Leute aus dem Dorf hatten gesagt, er hätte die Frau erschlagen und im Wald vergraben. Sie beraubt aus Habgier!

Alle standen im Dorf um Bahandur herum. Mit den Menschen hatte er seine Hochzeit gefeiert. Als sie Kinder waren, mit ihnen zusammen gespielt. Nun beschuldigten sie ihn des Mordes. In seiner Verzweiflung suchte Bahandur bei einem Priester Zuflucht. Übernachtete dort. Der Priester sagte ihm, er sollte die Tochter der Frau aufsuchen. Bahandur suchte am nächsten Tag das Dorf auf, wo die Tochter der Frau lebte. Dort war die Frau auf Besuch. Ob die Menschen im seinem Dorf schlecht waren? Bahandur war nicht reich. Nach dem Tod seines Vaters hatte er seinen Anteil vom Land bekommen, der ihm zustand. Wie seine Brüder. Das war immer schon so gewesen. Bevor ein Mann starb, verteilte er sein Land an die Söhne. Das Land wurde mit der Zeit weniger. Bahandur hatte kaum genug Land für seine Familie. Und den Rest wollten auch noch die Leute aus seinem Dorf. Die 60 000 Rupien hätte er nie aufbringen können. Bahandur dachte daran, welche Mühen es kostete, ein Kalb groß zu ziehen. Nach einem halben Jahr konnte er es für 2 000 Rupien verkaufen. Wie oft hatte er ein Kalb mit in das Haus genommen? Geschützt, wie eines seiner Kinder.

Der Wind strich Bahandur durch das Gesicht. Die Äste des Pipalbaumes wiegten hin und her. Erzählten eine Geschichte. Die Geschichte der Menschen, die einst hier vorbeigingen.

Bahandur blickte den Weg entlang. Den Weg, der jetzt in der Mittagsonne lag. Er hätte längst auf dem Weg sein müssen, der sich an der Seite des Berges entlangschlängelte und dann hinunter in ein kleines Tal führte. Ein klarer Bach speiste dort die Reisfelder. Auf diesem Weg war damals der Mann gekommen. Bahandur stand, wie heute, am Pipalbaum. Er hatte ihn kommen sehen, von fern. Ein Mann in weiß. Als Bahandur erkannte, dass der Man weiß trug, da wusste er es. Er hatte es schon vorher gewusst. Schon als der Medizinmann sagte, seine Frau brauche nicht nach Kathmandu gehen.

Was ein Medizinmann sagt, wird auch eintreffen, genauso wie aus den Wolken der Regen kommt. Und doch, doch war sein Sohn auf die Reise gegangen. Drei Tage hatte er die Mutter in einem Korb getragen. Durch die Wälder und Dörfer, immer weiter. Auf schmalen Wegen, am Fluss entlang. Durch den Bergwald. Die arme Frau war am Wimmern vor Schmerzen. Konnte selber nicht mehr gehen. Der Medizinmann sagte, sie brauche nicht mehr in die große Stadt zu gehen, ihre Zeit sei gekommen. Und doch war da so etwas wie Hoffnung. Das Unvermeidbare abwenden zu können. Nun kam der Mann in weiß. Bahandur erinnerte sich, wie grell die weiße Kleidung in der Sonne schien. Weiß, ohne Farbe, ohne Freude! Das Zeichen der Trauer. Der Mann stand vor ihm. Die Haare unter dem Topi waren rasiert. Es war sein Sohn. Er war allein zurückgekehrt. Sie sprachen kein Wort. Es wurde getan, was getan werden musste. Bahandur ging voran. Fing die Hühner auf dem Hof ein, sperrte sie unter Strohkörbe. Niemand, kein Wesen durfte den Sohn anrühren. Zwölf Tage. Bahandur schickte nach dem Priester. Reinigungsrituale wurden vorgenommen. Zwölf Tage durfte niemand dem Sohn Speise zubereiten. Keiner durfte ihn berühren. Kein Salz! Ohne Salz wurde das Essen zubereitet. Keine Milch durfte der Sohn trinken. Milch, die ihm als Kind das Leben von der Mutter gab. Das Haus. Es wirkte leer. Leer ohne die Frau, die ihm, Bahandur, sieben Kinder schenkte. Sie war davon geflogen wie ein Vogel, ein weißer Vogel.

Sein Sohn äscherte die Mutter am Tag ihres Todes ein, in Paschupanipath. Hier übernahm er als Vertreter der Familie alle notwendigen Rituale. Die Reste der Asche trieben auf den grauen Wassern des Bagmati dahin, auf der Suche nach einem neuen Leben, so glaubte man. Dann war der Sohn zurückgekehrt. Zurück in das Dorf, zu seinem Vater. Bahandur wusste, dass sein Sohn die Familie würdig vertreten hatte. Nun war er wieder da. Der Priester kam. Auch als die zwölf Tage abgelaufen waren. Er erklärte dem Sohn, was er machen musste. Ein Jahr lang durfte er kein Fleisch essen. Keine Milch trinken. Bahandur sollte ein Jahr im Dorf bleiben. Es wurden mehrere. Bahandur bezahlte den Priester mit einer Kuh.

Es war ein heiliger Mann. Er war seines Lohnes würdig.

Damals waren auch andere Leute in das Dorf gekommen. Menschen, die selten in diese Gegend kamen. Menschen, die eine andere Hautfarbe hatten. Menschen, die von einer anderen Religion erzählten. Eine Tochter hatte auch von diesem Glauben erzählt. Dinge, die Bahandur vorher nie gehört hatte. Er ging immer opfern. Zu dem Heiligtum. Oben auf dem Berg, hinter seinem Haus, da war dieser Ort, dieser Gott. Er verlangte Opfer. Ziegen, Blut. Niemand anderes durfte dorthin, an diesen Ort. Schon immer war es so gewesen.

Und nun erzählte seine Tochter von dem anderen Glauben. Von einem Gott, dem man keine Ziegen opfern musste. Keine Statue, keinen heiligen Stein gab es für diesen Gott. Keinen Puder und keine Wohlgerüche. Keinen Tempel. Es befremdete Bahandur. Der andere Mann. Der Fremde! Er hatte gewartet, bis die Tage der Unberührtheit seines Sohnes vorbei waren. Dann war er in das Dorf gekommen. Mit seiner Tochter. Es war ihr Mann. Bahandur hatte schon früher gefragt, ob es für seine Tochter in ganz Nepal keinen Mann gäbe? Aber sie war nach Kahtmandu gegangen. Als sie noch sehr jung war. Bahandur konnte sich gut erinnern, wie der Fremde an seinem Feuer saß. Er hatte die Beine gekreuzt. Und las vor. Aus einem heiligen Buch. Die Tochter übersetzte.

Bahandur schreckte aus seinen Gedanken auf. Ein Hustenreiz quälte ihn. Ein lang anhaltender Husten. Wie damals, als der Fremde vorlas. Was hatte der Fremde damals am Feuer erzählt? Von jemandem, der Tote wieder zurückbrachte. Bahandur wusste nicht mehr, wie die Geschichte weiterging. Er hatte vorher noch nie so etwas gehört. Und doch glaubte der Fremde daran. Bahandur musste wieder husten. Ein hartnäckiger Husten, der ihn seit Jahren quälte, vor allem nachts, wenn er flach auf seiner Reismatte lag. Der Fremde war nach zwei Tagen wieder fortgegangen. Mit seiner Frau, der Tochter.

Einmal kam eine Kobra auf unseren Hof. Wir Kinder hatten alle Angst und weinten. Später, als die Kobra weg war, hatte Vater vor dem Loch der Kobra Speisen aufgestellt und zur Kobra gebetet. Sie sollte nicht mehr in das Haus kommen, weil die Kinder Angst haben.

Ich kann mich noch gut an das Dorf erinnern. Wie ich mit meinem Bruder auf die Ziegen aufgepasst habe. Das mussten wir Kinder meist machen. Wir sind viel auf Bäumen geklettert. Haben die Vogelkinder aus dem Nest geklaut. Vater hätte sehr geschimpft. Aber es gab nur sehr wenig Fleisch zu essen im Dorf. Manchmal hat der Tiger Ziegen getötet. Er trinkt aber nur das Blut der Ziegen. Die Ziegen schreien ganz schlimm, wenn der Tiger kommt. Gesehen habe ich den Tiger nie. Mutter hat immer viel gearbeitet. Ihr ganzes Leben. Und dann ist sie gestorben. Mutter hätte gerne noch weitergelebt. Sie hatte starke Kopfschmerzen. Zum Schluss konnte Mutter nicht mehr gehen. Mein Bruder hat sie rausgetragen. Drei Tage. Die Menschen im Dorf sind nicht gut. Ich will nicht wieder zurück in das Dorf.

Es war warm geworden. Die Mittagssonne senkte sich langsam. War weiter gewandert. Die Zeit verstrich, erst kaum wahrnehmbar, dann schneller, immer schneller. So kam es Bahandur vor. War das die »neue Zeit«, von der der König gesprochen hatte? Die »neue Zeit«, in der er das Land führen wollte? Der König war tot. Bahandur hatte es im Radio gehört. Er erinnerte sich noch genau, als sein Nachbar eines Tages vom Grasschneiden zurückkam. Der Weg führte über Bahandurs Hof. Darum machten die Leute oft Pause bei ihm. Man redete miteinander, rauchte. Bahandur sah noch deutlich den Nachbarn vor sich, wie er sein Grasbündel ablegte. Das laute Radio vor seine Tür stellte. Man konnte den Sprecher kaum verstehen, so laut knisterte und knackte es im Radio. Als ob jemand dürres Holz bricht und dazu spricht. Bahandur konnte das alles nicht wahrhaben und doch stimmte es. Der König war tot! Die ganze Königsfamilie war tot. Erschossen! Vom Sohn des Königs. Niemand wollte es wahrhaben. Das ganze Land wollte es nicht glauben. Eine Lüge, erzählte man sich. Ein Anschlag. Alles war anders geworden seit dem Tag.

War das die neue Zeit, dass der Krieg in das Dorf kam? Sie kamen meistens nachts. Selten am Tag. Bahandur fragte sich, ob sie nachts keine Angst hätten. Der Wald war doch voller Geister der Toten. Doch nun fragte sich Bahandur, was schlimmer sei, die Geister der Toten oder die Maobadi. Sie sagten, dass die Beamten korrupt seien, den Menschen das Geld wegnähmen. Dass die Priester aus dem Dorf weg müssten. Bahandur konnte das nicht verstehen. Wenn es keine Priester mehr in den Dörfern gäbe, wie sollte man dann die Toten bestatten, oder was sollte man tun, wenn jemand heiraten musste? Dafür hatte man immer einen Priester gebraucht. Bahandur kannte keine Beamten aus der Stadt. Dafür kannte er aber die Maobadi. Sie kamen in das Dorf und wollten Reis. Für ihre Soldaten. Im Dorf hatten die Maobadi die Menschen geschlagen. In einem anderen Dorf hatten sie einen Lehrer aufgehängt. Er war betrunken zur Arbeit gekommen. Tagsüber flog die Armee über den Liku. Mit ihren großen Hubschraubern. Wenn einer der Hubschrauber über das Dorf flog, versteckten sich die Kinder. Sie hatten große Angst. Bahandur war froh, dass seine Kinder nicht mehr im Dorf waren, sondern in der Stadt bei dem Sohn. Würde der Krieg auch dort hinkommen?

Bahandur dachte an den Weg. Früher war er nur weit gewesen. Heutzutage war er weit und gefährlich. Es waren nicht nur die Maobadi unterwegs. Im Wald waren auch schon Menschen ausgeraubt worden. Für ein paar Rupien totgeschlagen. Von den Männern, die auf der anderen Seite des Liku lebten. Bahndur sah in den Himmel. Die Sonne war von einer großen schwarzen Wolke verschlungen. Es war spät, zu spät um zu gehen. Bahandur verspürte Durst. Die Quelle war nicht weit. Nicht weit von seinem Haus entfernt. Genau dahinter. Und das Wasser schmeckte gut. Es war das beste Wasser der Welt. Das wusste Bahandur. Bald würde es regnen. Das Dach von seinem Haus bot Schutz. Bahandur stand auf, ging. Ging den Weg wieder zurück. Morgen war auch ein Tag.

Die beiden Träumer

Kulisowr. Ein schmutziger Stadtteil in Kathmandu. Wer die staubige Straße hinabfährt, sieht auf seinem Weg rechts und links viele kleine Geschäfte. Man kann die Menschen bei allen möglichen Beschäftigungen beobachten. Hier werden Drahtgeflechte zusammengeschweißt. Manchmal ohne Maske. Dort sitzt ein Mann auf schlammigem Boden und verzinkt etwas.

Woanders werden Reifen aufgezogen. Das Profil wäre in Europa nie zugelassen. Dann die engen Häuser. Mit vielen Stockwerken. Auf dem obersten Stockwerk stehen unfertige Betonsäulen, aus denen verbogene Stahlstangen herausschauen. Als ob nächste Woche weitergebaut werden würde. Dazwischen Wäscheleinen mit Kleidungsstücken, die wie Gebetsfahnen im Wind flattern.

Und die Menschen, die hin und her rennen. Beschäftigt! Frauen im bunten Sari mit braunen Plastiktüten in der einen Hand und in der anderen Hand ein schreiendes Kind.

Dickbäuchige Männer in indischer Tracht, die verhandeln, reden, schmipfen oder ausspucken. Ausspucken! Alles Schlechte muss raus aus dem Körper.

Überall kleine Läden, in denen man fast alles kaufen kann. Von der Seife bis zu den Reisflocken. Und in diesem Treiben, in diesen bunten Wogen, die Träger. Sie tragen fast alles und zu jedem Preis. Dabei verdienen sie 50 bis 60 Rupien pro Tag. Ein Glas Milchtee kostet fünf Rupien. Es sind meist kleine, schmächtige Männer, ihre Kleidung zerlumpt und dreckig.

Manchmal sieht man von weitem ein 500-Liter-Fass. Das Kunststofffass scheint sich wie von selbst durch das Gewühl von Autos, Fahrrädern und Menschen zu bewegen. Bis man den Träger darunter entdeckt.

Ein kleines Etwas von einem Mensch, das seinen Tagelohn so verdient. Der froh ist, diese Arbeit machen zu können. Für 50 Rupien am Tag. Die Miete des neun Quadratmeter großen Zimmers kostet schon 600 Rupien im Monat. Und die Kinder sind krank!

Einer dieser Träger ist Ram. Ram ist vierzehn Jahre alt. Viel zu jung für diese Arbeit. Aber Ram ist nach Kathmandu gekommen, um sein Glück zu machen. Hier in dieser großen Stadt. Hier, wo alles anders ist. Das Tor nach draußen. Kathmandu und der Flughafen. Manchmal sieht Ram, wie die großen Flugzeuge ihre Schleife über der Stadt drehen. Meist um elf Uhr vormittags. Und er stellt sich vor wie es wohl wäre, an Bord einer dieser Maschinen zu sein, nach oben zu schweben, über Wolken und Berge hinweg. Eines Tages, eines Tages hofft Ram, sitze ich in einem Flugzeug und verlasse Kathmandu.

Doch dann holt ihn der Tag wieder ein.

Ein Tag, der frühmorgens anfängt und erst bei Dunkelheit endet. Ein trostloser Tag, so grau wie die Stadt selbst.

Ram schläft manchmal bei Freunden oder bei seinem Onkel, der hier in Kulisowr einen dieser kleinen Läden hat.

Wenn Ram bei seinem Onkel schläft, muss er dafür tragen. Meist umsonst. Das Zimmer bei seinem Onkel: Klein, dreckig, unverputzt. Es ist dort nie still. Überall um Ram herum ist Lärm. Nachts hört man die Ratten über das Blechdach laufen oder den Nachbarn beim Sex. Ram muss sich das Bett noch mit zwei Kindern des Onkels teilen. Manchmal schläft er auf dem Boden. In der letzten Zeit fast immer. Wenn Ram für seine Onkel arbeitet, muss er früh raus. Sein Onkel arrangiert die Jobs.

Mal einen Sack Zement von der Fabrik zur Baustelle. Mal Äpfel von dem neuen Buspark zu einem Geschäft. Ram muss alles tragen, so wie es kommt. Vielleicht ein paar Mal am Tag. Wenn Ram Glück hat, bekommt er fünfzehn oder zwanzig Rupien am Ende des Tages. Das meiste davon spart Ram. Er hat eine alte Blechdose. Sie klemmt beim Verschließen. In der Dose hat Ram einige abgegriffene Fotos und 550 Rupien.

Sein stolzer Besitz. Wieviel kostet ein Flugticket?

Ram weiß es nicht. Er weiß nur, dass 550 Rupien nicht reichen. Manchmal, am Abend, nimmt Ram seine Blechdose in die Hand. Er öffnet die Dose und schaut sich die Bilder an. Ein Bild von einer Frau. Sie trägt einen Sari. Sie lächelt.

Ihre langen schwarzen Haare fallen herab und umrahmen das schöne ebene Gesicht. Lange schaut Ram auf das Foto. Im fahlen Licht der Glühbirne wirkt das Gesicht noch lebendiger. Ein indischer Filmstar. Ram legt das Bild zur Seite. Er greift erneut in die Schachtel, holt das zweite Bild heraus. Häuser, ein Garten, lachende Menschen. Dort möchte Ram leben. Ein Wunsch ist dieser Ort, er wird nie Wirklichkeit werden, das weiß Ram. Er sieht auf das dritte Bild. Eine Postkarte. Die fand Ram vor einem Jahr. Im Schlamm. Sie ist beschrieben. In einer Sprache, die Ram nicht versteht. Er kann sowieso kaum lesen. Es fällt ihm sehr schwer. Wie auch? Da er nur sporadisch in der Dorfschule sein konnte.

Zu viel Arbeit im Dorf. Die Postkarte zeigt ein Schwarzweißbild, drei Berge. Ram schaudert jedesmal, wenn er die Postkarte betrachtet. Der Ort des Todes! Der Ort seines Todes. Das weiß Ram. Der Berg in der Mitte. Grau, schwarz, ein Fels. Links und rechts eingerahmt von Riesen aus Eis. Ein Ort, wo niemand lebt. Ein Ort der Götter.

Unter den Karten versteckt Ram seine Ersparnisse. Er nimmt die vergriffenen Scheine zur Hand und zählt sie durch. Das Geld. Es wirkt fast wie ein Talisman. Vielleicht schafft Ram es doch. Hinweg von diesem Ort. Dem Ort des Todes, hinweg von den drei Bergen, dorthin, wo es keine Berge gibt, nur lachende Menschen.

Wenn Ram diese Zeremonie beendet hat, schließt er die Schachtel. Versteckt sie unter dem Bett, unter einem Haufen alter Lumpen. Er legt sich auf den Boden und starrt zur Decke. Dort hängt ein altes Götterposter. Shiva, auf einer neunköpfigen Schlange sitzend.

Der Gott lächelt und Ram schließt die Augen. Ein Tag in seinem Leben.

Wieder daneben. Rolf spielte die Halben. Davon waren noch fünf Kugeln auf dem Tisch. Die Ganzen dagegen – bis auf eine – waren schon abgeräumt. Aber wie sollte sich Rolf auch konzentrieren. Dem Tisch gegenüber stand sein Gegner. Markus. Groß, blond, athletisch gebaut. Neben Markus, Tina. Das kesse Mädchen mit dem frechen Mund. Aber ihre Augen. Die braunen Augen starrten Rolf an, und dann konnte er nicht spielen. Dabei wollte er gewinnen. Nicht immer der Letzte sein in der Clique. Jetzt war der andere am Zug. Was Rolf am meisten ärgerte, war nicht das große Mundwerk, sondern dass der andere auch noch so geschickt spielte. In einem Zug hatte Markus die verbliebenen Kugeln und die schwarze versenkt. Jetzt musste Rolf sich anhören, was für ein großer Loser er sei. Die braunen Augen wendeten sich ab, voll Verachtung.

Rolf stand allein. Allein am Billardtisch, der durch eine kalte Neonlampe beleuchtet wurde. Die fünf halben Kugeln lagen noch auf dem Tisch.

Die anderen hatten sich verzogen, rauchten in der Ecke, standen um den alten Flipper herum, quatschen.

Der Samstagabend ist lang in Deutschland. Wochenende! Was machen? Wo geht die Party ab, nach so einer Arbeitswoche? Oder nach der »Scheißschule«? Hauptsache Party! Einen drauf machen; die nächste Woche ist lang genug.

Rolf wollte auch Party feiern. Aber alleine ist die Party nicht lustig. Vor allem, wenn die braunen Augen nicht in die seinen sehen. Langsam leerte sich das Lokal. Rolf stand alleine am Billardtisch. Er schob mit der einen Hand den Queue auf den Filz. Was war schon sein Leben? Wie ein verlorenes Billard. Oft was versucht und nie zu Ende gespielt. Die Schule. Nur den Hauptschulabschluss. Zwei Lehren. Abgebrochen! Nun hatte sein Vater vermittelt. Bei einem Freund. KFZ! Öl, Dreck und Lärm. »Lehrjahre sind keine Herrenjahre!« Das hatte Rolf oft genug gehört. Und als Stift muss man immer den Dreck für die Gesellen machen. Die anderen freuten sich immer auf das Wochenende. Am Montag wurde in der Werkstatt erzählt. Wieviel Alkohol man vertragen hatte. Der Erfolg bei den Frauen, wieviele man vernascht hatte. Als größter Erfolg galt, in eine Verkehrskontrolle geraten zu sein.

Rolf hasste diesen Tag, den Montag. Nicht, weil die Woche wieder anfing. Weil man wieder der »Stift« war, Sklave der Gesellen. Es waren diese Geschichten. Was die anderen erzählten. Und dann, dann diese Frage, die unvermeintlich kommen musste. Die Frage, die Rolf schlimmer fand als die ganze Werkstatt zusammen.

»Und, was hast du gemacht? Wen hast du abgeschleppt?« Auf diese Frage folgte Stille. Stille, die auf Rolf noch beklemmender wirkte als die Frage.

Rolf brauchte keine Geschichte zu erfinden, die hätte keiner geglaubt. Er brauchte sich nur vor den Spiegel zu stellen. Klein und fett war er. Mit strähnigem, braunem Haar. Seine Arme hatten kaum die Kraft, einen Schraubschlüssel zu drehen. Rolf freute sich, wenn der Montag zu Ende war. Am Dienstag, keiner sprach mehr vom Wochenende, das nächste war noch lange nicht in Sicht, die Kollegen waren nur am Fluchen. Dann machte Rolf seinen Job, ging Abends nach Hause, in sein Zimmer, drehte die Anlage auf und versank in seinen Büchern. In einer anderen Welt. Winde um Kap Horn, Kampf in Eis und Schnee, Sonne der Sahara, der ewige Berg. Wie anders war doch diese Welt als die Seine, wie Verschieden. Da waren richtige Männer, die richtige Abenteuer bestanden. Ja, Rolf wollte Abenteurer werden.

Etwas hatte sich verändert. Eine Veränderung in Rolfs Leben. Es gab plötzlich etwas, was es zuvor für ihn nie gegeben hatte. Ein Ziel. Das war ein Ziel, das da vor seinen Augen stand. Rolf schlenderte die Straße langsam hinab. In der Dämmerung sah man die Silhouetten der Fabriken am Horizont. Einige dieser Fabriken hatten geschlossen. Die Menschen waren arbeitslos, wie sein Vater. Stahlkrise! Er schlenderte die Straße entlang an den grauen Häusern vorbei. Hier die Pommesbude, wo er jeden Tag Mittagessen und Bier für die Gesellen holte. Etwas weiter die Billardkneipe, dort war er meist am Wochenende. Er schlenderte die Straße entlang und dachte nach. Auslöser für die Veränderung, sein Ziel, war ein Buch. Ein Buch, das er in der letzten Zeit immer und immer wieder gelesen hatte. Der Titel hieß: »Die Freiheit, aufzubrechen, wohin ich will«.

›Die Freiheit aufzubrechen!‹, dachte Rolf. Er musste jeden Montag in die Werkstatt. Warum? Weil es sein Vater so wollte. »Junge, du musst was Gescheites werden!«, hieß es. »Die Freiheit aufzubrechen« kam ihm immer wieder in den Sinn. Dorthin gehen, wohin man möchte, das erleben, was man möchte. Rolf hatte das Buch gelesen, Kapitel für Kapitel verschlungen. Der Schreiber berichtete, wie er Gefahren bezwungen und hohe Gipfel erstürmt hatte, die höchsten der Erde. Alle Menschen bewunderten diesen Mann. Der so frei war. Der nicht am Montag in eine dreckige Werkstatt musste, um dort Sklave der Gesellen zu sein, nur weil es der Vater so wollte.

Rolf hatte ein Poster in seinem Zimmer aufgehängt. Es hatte die Aufschrift: »Top of the World«. Das Poster zeigte drei Berge. Der Berg in der Mitte. Grau, schwarz, ein Fels. Links und rechts eingerahmt von zwei Riesen aus Eis. Ein Ort, wo niemand lebt. Wie hieß es in einem anderen Buch: »Er ist der dritte Pol«. Über den Bergen standen Höhenangaben. In Metern und in Fuß. Jeden Abend starrte Rolf auf das Poster und ging in Gedanken die steilen Grate entlang. Und wenn er oben angekommen war, schrie er es hinaus, den Leuten im Billardcafé zu: »Ich, ich Rolf, der dicke und fette Rolf, habe es geschafft! Und ihr, ihr müsst am Montag wieder hin, bis zum nächsten Montag!«

Rolf kaufte mehr Bücher, Bücher über diesen höchsten Berg. Es kam, wie es kommen musste. Als die Kollegen aus der Werkstatt eines Montags wie üblich fragten, was er am Wochenende gemacht hatte, sagte Rolf nur: »Ich bereite mich vor!«

Wieder Stille! Doch nun, das spürte Rolf, war es eine andere Stille. Er genoss es, aber nur einen Augenblick lang. Denn die nächste Antwort erntete schallendes Gelächter. Niemand wollte ihm glauben, dass er den höchsten Berg der Welt besteigen wollte. Ob er denn schon auf dem höchsten Berg Deutschlands gewesen sei, wollte einer wissen. Und da war wieder diese Stille, die Rolf weh tat. Er biss sich auf die Lippen, um nicht loszuheulen.

Und doch blieb er dabei. Sein Vater hielt das Ganze für eine fixe Idee. Das seien Flausen, die der Junge im Kopf hat. Die Sache machte seine Runde. Auch am Wochenende kam man darauf. Rolf stand dem anderen gegenüber in der Billardkneipe. Er musste sich anhören, dass er das nie schaffen würde. »Wetten das?«

Das Schlimmste war, dass dort wieder diese braunen Augen waren, die ihn scharf ansahen. Eine Herausforderung! Er würde es schaffen. Er würde aufbrechen. Dorthin gehen, wohin er wollte. Trotzig gab er seine Antwort. Die Sache wurde ernster. Es wurde eine Summe genannt. Tausend, zweitausend, dreitausend. Die anderen setzten mit. Rolf konnte und wollte nicht kneifen. Er wollte endlich ein Mann sein. Schon am Montagabend fing er an mit Jogging. Zehn Minuten. Dann gab er auf. Aber der Wille war da. Egal, was die anderen sagten. Das ging Rolf durch den Kopf, auf dem Weg nach Hause, auf der grauen Straße, irgendwo in Duisburg.

Es war das erste Mal, dass er in einem Flugzeug saß. Allein das war schon aufregend genug. Rolf hatte etwas Flugangst gehabt. Aber die war schnell vergangen. Der gewaltige Schub! Als er spürte, dass sie abhoben und keine Bindung mehr zum Boden hatten. Als die Maschine eine Kurve schrieb und Rolf die glitzernde Stadt von oben betrachtete. Die riesigen Bürotürme aus Stahl und Glas, die von hier oben aussahen wie die Häuser einer Legostadt. All das schien ihm wie aus einem Traum zu sein, ließ die letzten Monate vergessen. So etwas wie Abenteuerlust schien in ihm aufzukommen. Die Freude, in eine neue, unbekannte Welt einzutauchen, alles Bekannte hinter sich zu lassen. Und doch holte es ihn wieder ein, das Vergangene. Wie eine Woge nach der anderen kamen die Erinnerungen der letzten Wochen, Monate.

Die Wette, diese unselige Wette! Obwohl der Wunsch da war, bereute es Rolf doch, diese Wette eingegangen zu sein. Der Flug kam ihm jetzt erleichternd vor, fast wie eine Flucht, eine Flucht vor der Verantwortung. Der Verantwortung, den anderen Rechenschaft ablegen zu müssen, über das, was man nicht vermag. Und doch wollte er es. Er war in ein Reisebüro gegangen. Hatte sich über den Flug und die Flugtermine erkundigt. Preise! Seine Ersparnisse waren schon für den Flug aufgebraucht. Er hatte sich Geld leihen müssen, nicht ohne dafür Bemerkungen zu ernten. Die Ausrüstung! Er hatte in seinen Büchern viel darüber gelesen. Was war ein Pickel? Welcher war der richtige? Wie schwer durfte er sein? Bergschuhe, Steigeisen und vieles mehr. Ihm wurde ganz schwindelig, wenn er daran dachte. Brauchte man wirklich all diese Sachen? Rolf erinnerte sich an einen Film, den er einmal gesehen hatte. Da war ein Mann mit einem Rucksack und einem Hanfseil in den Zug gestiegen, um den Nanga Parbat zu besteigen. So schwer konnte das doch nicht sein. Als er in das Sportgeschäft kam, um die Sachen dort einzukaufen, fragte ihn der Verkäufer, wo genau er denn in den Westalpen hin wolle. Rolf kannte keine Berge in den Westalpen. Nicht einen Namen. Er sagte einfach: »Zum Everest!« Der Verkäufer ließ ihn stehen.

Er ging in ein anderes Sportgeschäft. Nach all diesen Erfahrungen wurde Rolf langsam klar, dass man doch einen anderen Berg vorab besteigen sollte. Warum nicht den höchsten Berg Deutschlands?

Also war Rolf nach Garmisch gefahren. Mit nagelneuen Bergschuhen. Im Rucksack den Bergpickel. »Ultraleicht!« Das war für Rolf so etwas wie ein Zauberwort. Die Garantie für den Erfolg, nun konnte er nicht mehr vom Berg »fallen«. In Garmisch angekommen, fragte er sich durch, bis er an einen Bergführer geriet. Dieser wollte wissen, welche Berge Rolf schon bestiegen hätte. »Keine!«, war Rolfs Antwort. Nun, dann sei die Zugspitze der richtige Anfang, meinte der Führer.

Rolf dachte zurück. Morgens, früh am Morgen stiegen sie los. Sie mussten durch eine tiefe Schlucht. Durch diese Schlucht, diese Klamm, floss ein reißender Gebirgsfluss. Manchmal tropfte das Wasser von überall herab.

Rolfs Schuhe drückten! Nach einiger Zeit kamen sie an einer Hütte an. Welch ein eindrucksvolles Bild! Vor ihm das

Gebirgsmassiv. Gigantische Felsen bedeckt von Schnee, wie überzuckert. In der Mitte der Gletscher und dahinter, aufragend, die Zugspitze. »Dort oben hinauf müssen wir«, hatte er sich gedacht. Der weitere Aufstieg war alles andere als einfach. So hatte sich Rolf das Bergsteigen nicht vorgestellt. Aber vor seinen Augen war immer dieser andere Berg und die Wette, die er eingegangen war.

Die Schuhe drückten schon sehr, als sie an dem Klettersteig angekommen waren. »Klettersteig!« Allein schon dieser Name, und dann brauchte man dafür noch eine spezielle Ausrüstung. Schon bei der ersten Leiter am Fels schlotterten ihm die Knie. Aber er nahm seinen Mut zusammen und stieg dem Bergführer nach. So ging es weiter hinauf. Über den kleinen Gletscher zum nächsten Steig. Davor die Randkluft. Wind kam auf. Graue Wolken zogen über die Spitzen, hüllten sie ein. Es wurde kälter. Langsam, sehr langsam und fein rieselten Flocken herab. Erst wenige, dann mehr. Der Bergführer hatte eine besorgte Miene. Rolf keuchte. Sein Gesicht war von Schweiß ganz nass. Er kam den Steig kaum hoch. Inzwischen war der Himmel ganz bedeckt und es schneite stärker. Der Bergführer meinte, nun sei es besser umzukehren. Umkehren! Dieses Wort war für Rolf wie die Wette zu verlieren. Der Bergführer sagte jedoch, sie hätten es fast geschafft, die restlichen vierhundert Meter könne man sich schenken. Rolf war nach diesem Berg einige hundert Mark ärmer und eine Erfahrung reicher. Ob das reichte? Er hatte gelesen, dass der höchste Gipfel der Erde mit Fixseilen ausgelegt sei, also fast wie die Zugspitze, das müsse doch gehen, dachte er sich. Er verdrängte die Anstrengung. Der andere Berg war doch nur dreimal höher!

Rolf blickte aus dem Fenster des Flugzeuges. Unter ihm zogen Berge vorbei, Wolkenberge.

Kathmandu, International Airport. Eindrücke! Viele Eindrücke. Rolf dachte an die letzte Stunde des Fluges zurück. Da waren sie wirklich. Die höchsten Berge der Welt. Auf der linken Seite des Flugzeuges waren sie aufgetaucht. In der gleichen Höhe. Welcher Berg wohl der Everest sein mochte? Jeder dieser Gipfel, die dort schneebedeckt vorbeizogen, schien ihm höher zu sein als der vorhergehende.

Und dann waren sie gelandet und in einem klapprigen Bus zum Flughafengebäude gefahren worden. Dort im Flughafen herrschte das pure Chaos. Rolf wusste gar nicht, wohin er gehen sollte. Er lief einfach der Masse der anderen Reisenden nach. Vorbei an bewaffneten Polizisten. Er kam zu den Visaschaltern, dort stempelten Beamte fleißig die Ausweise. Dann musste er die Gepäckstücke holen. Ein Stockwerk tiefer. Da strömten auf dem Fließband Gepäck an ihm vorbei: Koffer, Rucksäcke, Bündel. Manches war tausendfach verschnürt. Nur der nagelneue Kunststoffkoffer von Rolf war einfach nicht dabei. Rolf starrte so lange auf das laufende Band, bis ihm mit der Zeit ganz schwindelig wurde. Endlich, er konnte es kaum noch glauben, erschien auch sein Koffer. Der hatte schon einige Schrammen abbekommen.

Da stand Rolf nun, mit seinem großen Koffer, einem Rucksack auf dem Rücken und die Bergjacke über sein Bahama-Shirt gezogen. Mitten um ihn herum ein Fließen von hektischen, rufenden Menschen. Ein mittleiderregender Anblick. Ein Mann mit einer blauen Daunenjacke sah dies und fragte Rolf nach dem Woher und Wohin.

Er bekam von Rolf keine genaue Antwort, nur dass er Bergsteigen wolle. Der Mann erbarmte sich und reichte Rolf eine Visitenkarte. »Buddha-Resort, Thamel« stand darauf geschrieben. Dorthin solle Rolf gehen.

Rolf ging aus dem Flughafengebäude heraus. Irgendein kleiner brauner Mann hatte ihm den Koffer aus der Hand gerissen und trug diesen neben Rolf her. Plötzlich sah sich Rolf einer Menschenmauer gegenüber. Als ob diese Leute gegen etwas demonstrieren würden. Sie riefen laut und hielten Schilder und Zettel in den Händen. Jeder versuchte sich in der Lautstärke zu überbieten. Irgendjemand schubste Rolf und er hörte so etwas wie: »Taxi Sir?« Der Mann mit seinem Koffer steckte diesen aber bereits in ein kleines, altes Auto und hielt die Hand auf. Kinder sprachen Rolf in einer unbekannten Sprache an. Er gab ihnen die Zahnbürste aus dem Flugzeug. Rolf drängte sich in das Taxi und zeigte die Visitenkarte.

Die Fahrt führte quer durch die Stadt. Manchmal durch ganz enge Gassen. Am Fenster huschten unbekannte Eindrücke vorbei. Nie gehörte Laute und Geräusche. Farben! Staub und Dreck. Überall lautes Gehupe, wenn das Taxi an einer Kreuzung hielt oder im Verkehr einfach stecken blieb. Dazwischen ein Gewühl von fremdartigen, bunten Menschen. Auf Fahrrädern, kleinen Motorrädern oder zu Fuß. Dann kam das Taxi in einem Stadtteil an, in dem es viele Geschäfte gab, überall bunte Schilder und Leuchtreklamen. Dazwischen viele Hotels und Gasthäuser. Sie waren angekommen. »Thamel, Kathmandu, Touristencenter«. Das Taxi zwängte sich in die enge Einfahrt des Hotels. Der Fahrer verlangte 500 Rupien, aber Rolf hatte kein Geld. Er zeigte seine Reiseschecks. Eine Diskussion entstand. Der Fahrer wollte Geld und Rolf konnte sich auf Englisch nur schwer verständigen. Sie gingen in das Hotel, dem Buddha-Resort. Der Mann in der Rezeption sah erst auf Rolf, dann auf den Fahrer. Er winkte diesen heran und sprach leise mit ihm. Dann schob er dem Fahrer einige Scheine zu. Rolf bekam sein Zimmer. Oben angekommen, warf sich Rolf auf das Bett und schlief sofort ein.

Für Ram war es ein trüber Tag, genauso trüb wie die anderen Tage. Er ging durch den Staub und den Schlamm. Stieg mit seiner Last über Unrat hinweg, Plastikflaschen, Obstschalen und Kuhdung. Das Tragen fiel ihm heute besonders schwer, die Striemen der Kisten drückten mehr als sonst auf dem Rücken. Sein Onkel hatte ihn geschlagen, wieder einmal. Dabei konnte er doch nichts dafür. Dafür, dass ihn gestern im dichten Verkehr jemand angefahren hatte. Dabei war ein Teil der Ladung zu Bruch gegangen. Sein Oberschenkel schmerzte dort, wo ihn das Fahrzeug gestreift hatte. Seinen Onkel jedoch interessierte nur das Geld, dass er an diesem Tag verloren hatte. Er hatte Ram geschlagen wie einen Hund. Und Ram fühlte sich wie ein Hund, der sich nicht wehren kann. Der davon läuft, wenn die Menschen nur einen Stein aufheben. Er solle das Geld abarbeiten, hatte sein Onkel gesagt. Ram dachte an seine Dose, die Blechdose unter dem Bett. Schon lange hatte er kein Geld mehr in die Dose legen können. Wenn er doch nur einen Tag in der Woche frei hätte, dann könnte er für sich selbst tragen und das Geld sparen. Aber daran war nicht zu denken. So schleppte Ram Bananenkisten, Kiste um Kiste, durch Staub und Schlamm zu dem LKW, der heute beladen wurde. Am Nachmittag sollte er woandershin. Thamel hieß der Ort. Sein Onkel hatte ihm einen Zettel in die Hand gedrückt. Richtig lesen konnte Ram den Zettel nicht, er würde sich schon durchfragen. Ein Freund seines Onkels, hieß es, dort würde die nächste Arbeit auf Ram warten.

Thamel! Auf dem Weg nach Thamel dachte Ram an die vielen Touristen, die dorthin kamen. Warum reisten diese Leute in sein Land? Hatten sie kein Zuhause? Ram verstand es nicht. Er wusste nur, dass ein Tourist gleich nach einem Mönch kam und dass diese Leute Geld hatten, das sie auch ausgaben. Für verrückte Sachen. Nach einer guten Stunde zu Fuß kam Ram in Thamel an. Er wunderte sich, dass die Häuser vor lauter Schildern noch zu sehen waren. Überall bunte Lampen, und aus jedem Geschäft war Musik zu hören oder man roch Räucherwerk. Bunte Teppiche und Khukuris wurden zum Verkauf angeboten. Ram hielt einem Flötenverkäufer seinen Zettel hin, aber der wollte mit ihm nicht gesehen werden und ließ Ram stehen. Ram suchte verzweifelt nach irgendjemandem, der ihm Auskunft geben konnte. Links und rechts rauschten Touristen, Rikschas, Taxis und Motorräder vorbei. Alles hupte, klingelte oder schimpfte.

Verzweifelt zeigte Ram seinen Zettel einem Polizisten und fragte, wo diese Adresse sei. Ram hatte Glück, der Laden war nicht weit. Draußen stand ein Schild: »Sunshine Expeditionsservice«. Ram ging in den Laden. Der Laden war eher ein kleiner Raum hinter einer voll beschriebenen Glastür. Ein Theke mit zwei Telefonen. Davor zwei Hocker. Die Wände strahlten in einem schmutzigen Grün, im Neonlicht. Kabel hingen lose von der Decke. Ein paar Bilder an den Wänden. Irgendwelche Berge. Eines dieser Bilder kam Ram bekannt vor. Nur dass er im Moment nicht wusste, wo er es schon einmal gesehen hatte. Hinter der Theke saß ein kleiner untersetzter Mann mit glattem, schwarzem Haar. Das war Pemba Tamang, der Freund seines Onkels. Ram reichte ihm den Zettel. Der Mann hinter dem Thresen sagte erst nichts. Er schaute wieder auf den Zettel, dann auf Ram. Er musterte ihn von oben nach unten. Dann fragte er Ram, ob er tragen könne. Viel tragen! Ram bejahte die Frage. Was sollte er auch sonst sagen. Er fragte Ram, ob er wisse, was zweitausend Rupien seien? Ram schwieg. Er hatte noch nie einen 500-, geschweige denn einen 1000-Rupienschein in den Händen gehalten, woher soll er wissen, was zweitausend Rupien sind. Wozu diese Frage? Eine Pause entstand. Es war still in dem kleinen, schmutzigen Raum. Obwohl von draußen gedämpft der Lärm nach innen drang. Die könne Ram verdienen, meinte Pemba, er brauche nur zu tragen. Etwa vier Wochen für seinen Expeditionsservice. Ram glaubte zu träumen. Pemba sagte abschließend, er solle in zwei Tagen wieder im Laden sein, frühmorgens.

Ram war fast aus der Tür, da fragte Pemba ihn, ob er einen Pullover habe. Den brauchte er, es würde kalt werden.

Ram hüllte sich in die Decke. Es war kalt. Die Kälte zog durch den Körper und das schon seit Tagen. Hier auf der Logde gab es kaum Bewegung. Sie warteten, bis es ihm besser ging. Dem Gast, dem Kunden. Der Kunde, für den Ram tragen musste. Das ganze Gepäck. Sein Korb war bis zum Rand voll. Nun warteten sie. Drei volle Tage waren schon vergangen. Ram schlürfte seinen Tee. Draußen wurde es Morgen. Die Sonne ging hinter den Bergen auf. Ihre Strahlen würden wärmen und die Kälte der Nacht vergessen lassen. Ram hatte in einem Raum hinter der Küche geschlafen. Auf einer Reismatte mit den anderen Trägern. Jeder hatte eine Decke gehabt. Sie hatten eng beieinander gelegen, weil es so kalt war hier oben in den

Bergen. Sein Pullover vermochte ihn auch kaum zu wärmen. Ram wünschte sich, dass es weiterging. Wenn man geht, wird es warm. Er hoffte, dass es dem jungen Mann schnell besser ginge. Vor drei Tagen waren sie umgekehrt. Tengboche war der Name des Ortes gewesen. Hier hatte der junge Mann Kopfschmerzen bekommen. Er war immer langsamer geworden. Wie das Licht einer Taschenlampe mit schlechter Batterie immer schwächer wird. Du beißt auf die Batterie, aber es hilft nicht. In dem Ort trafen sie auf die Karawane anderer Leute. Fremde mit vielen Trägern. Die wollten auf den großen Berg steigen, von dem der junge Mann auch gesprochen hatte. Die Leute hatten alle dichte Bärte, erinnerte sich Ram. Einer sagte, dass der junge Mann zurück müsse, er sei zu hoch. Er sei zu schnell zu hoch gegangen. Sie mussten zurück, machten Pause. Pasang, der Guide, hatte den jungen Mann schließlich überredet. Er hieß Rolf. Ram versuchte sich den Namen zu merken. Ram konnte kein Englisch und Rolf verstand kein Nepali. Ram kannte nur einen Satz: »No Problem!« Er benutzte ihn oft, obwohl fast alles ein Problem war. Rolf hatte auch einen Satz auf Nepali gelernt. »Tik chaa!« Pasang und Rolf unterhielten sich auf Englisch. Pasang sagte später zu Ram, dass der Fremde nur schlecht Englisch sprechen würde.

Meist waren Pasang und Rolf vorausgeeilt, während Ram langsam hinterherkam. Ram musste oft Pausen machen, den Tragekorb absetzten. Seine alten Turnschuhe wollten nicht trocknen. Am Anfang vom Weg war Ram oft durch kalte Bäche gewatet. Dabei musste er die schwere Last balancieren, damit die Sachen nicht in das reißende Wasser stürzten. Pasang hatte Ram einen Vorschuss von fünfhundert Rupien gegeben. Das Geld würde er gebrauchen auf den Logdes. Ram war überrascht, wie teuer das Essen und der Tee waren, und fragte sich, ob das Geld bis zum Ende der Reise reichen würde. Jetzt waren sie wieder in Namche Bazar. Jeder Tag, den sie hier warteten, kostete Geld. Ram wollte mindestens den Rest seines Lohnes sparen. Für das Flugticket! Vielleicht konnte ihm dieser Rolf helfen. Ram hoffte, in dem Land von

Rolf Arbeit zu finden. Dort musste es einfach besser sein. Er konnte nicht verstehen, warum dieser Junge auf diese Reise gekommen war. So viel zu laufen, um dann krank zu werden. Er redetete dauernd von diesem großen Berg. Pasang nickte dann immer und sagte: »No Problem!«, und Ram wiederholte auch: »No Problem!« Dabei hatte Pasang Ram eindeutig zu verstehen gegeben, dass sie nicht auf den großen Berg gehen würden. Pasang meinte, dass der junge Fremde krank im Kopf sei. Sie würden nur bis zu dem hohen Lager gehen und dann zurück, wenn es der Fremde bis dahin schaffe. Pasang wisse wovon er spreche, schließlich sei er einmal auf dem Annapurna gewesen. Annapurna, Ram konnte sich darunter nichts vorstellen. Er wusste nur, dass auf diesem Gipfel die Götter waren, und durfte man ungestraft die Wohnung eines Gottes stören? Das konnte sich Ram nicht vorstellen. Für Pasang hingegen war alles klar. Genau wie er es mit Pemba Tamang besprochen hatte. Den Fremden schnell zum Base Camp führen. Höchstwahrscheinlich würde er krank werden und dann zurück. Der »Sunshine Expeditionsservice« hätte alles angeboten, aber was kann man denn dafür, wenn der Kunde krank wird? »Schnell verdientes Geld«, hatte Pemba zu Pasang gesagt. Pasang meinte zu Ram, dass sie in drei bis vier Wochen wieder zurück seien. Aber dieser junge Fremde war zäh, er wollte weiter, als triebe ihn eine unsichtbare Macht an, irgendein Geist, ein Dämon. Er sprach von nichts anderem als von diesem Berg, sogar jetzt wo er krank war. Als ob er davon besessen sei, ihn zu besteigen. Ram konnte das nicht verstehen, er fragte sich immer wieder, ob dieser Fremde kein Zuhause hätte. Diese Frage ging ihm nicht aus seinem Kopf.

Es war kalt. Ram hatte seinen Milchtee getrunken und schaute nach draußen. Das Licht änderte sich. Die blassen, fahlen Berge nahmen an Glanz zu. Langsam blinkten die mächtigen Gipfel in einem grellen, hellen Weiß. Hoch und unbezwingbar. Der Sitz von Göttern und Dämonen!

Vor dem Trek war Ram in einem Tempel gewesen. Er hatte sich zwei Amulette gekauft, mit dem Bild des Gottes. Ein

Amulett hängte er im Tempel um den Kopf der Götterstatue. Ein schwarzer Stein umrahmt von Silberschmuck. Man musste die Schuhe ausziehen, bevor man in den Tempel durfte. Dann war Ram auf den kalten Mamorsteinen vor zur Statue gegangen. Regungslos hatte ihn die Statue angeschaut. Ram war sehr ehrfürchtig an solchen Orten. Das andere Amulett hatte er sich umgehängt. Es sollte Glück bringen, wenn Dasai Kali jemanden auf der Reise begleitete.

Sie waren einen Tag länger als nötig geblieben. Wegen ihr. Wegen des Mädchens. Das Mädchen mit dem schulterlangen Haar und den lachenden braunen Augen.

Diese Augen, die so schelmisch schauten. Nur nicht in seine. Nicht in die Augen von Ram, dem Träger. Sie lachten Rolf an, den jungen Fremden aus dem fernen Land. Es ging dem Fremden jetzt schon besser, vielleicht noch besser, als er Citra gesehen hatte. Sie half hier in der Lodge aus. Sie war fünfzehn Jahre alt. Ihre Kleidung war schlicht, ihr Wesen anmutig und fröhlich. Sie lachte immer. Obwohl die beiden kein Wort voneinander verstanden, verständigten sie sich. Citra zeigte dem Fremden die Küche, zog ihn dorthin, zeigte mit dem Finger auf die Gegenstände und erklärte sie Rolf lachend auf Nepali. Es gab immer wieder etwas Neues zu zeigen. Rolf konnte so viel Aufmerksamkeit gar nicht richtig verkraften. Er starrte immer nur in das Gesicht des Mädchens. Die etwas hohe Stirn und die mandelförmigen Augen, der schmale Mund. Die braunen, langen Haare, die das Gesicht umrahmten. Ihre Brüste wölbten sich zart unter dem Kleid. Rolf war gefesselt, Ram merkte das. Wie ein unsichtbarer elektrischer Strom, so spürte es Ram. Er saß hinten am Tisch. In eine Decke war Ram gehüllt und trotzdem frierte er. Vor ihm stand der Tee, den er schlürfte, was sollte er sonst tun.

Ram beobachtete die beiden. Ob er wollte oder nicht, er musste einfach hinsehen. Wie die junge Frau seines Volkes den Fremden rumführte. In der Dämmerung sah man deutlich die Feuerstelle in der Küche und davor schemenhaft die Gestalten der beiden anderen. Der Liebenden, ob sie es eigentlich wussten?

Später hatte Ram beobachtet, wie die beiden vor der Feuerstelle saßen. Citra sprach in ihrer Sprache, Rolf in der seinen. Sie glaubten sich allein. Ram saß in der Dunkelheit, in seine Decke gehüllt. Der Rest der Leute in der Lodge war schlafen gegangen. Ram kam es vor, als ob der ganze Weg, den sie bisher gegangen waren, zwischen ihm und den beiden anderen gelegen hätte.

Ram sah das Mädchen an, das vom Feuerschein erhellt wurde. Er wusste, dass sie schön war. Es kam ihm vor, als ob er ununterbrochen ein Gewicht auf den Schultern zu tragen hätte. Als ob jemand immer mehr Steine in seinen Korb packen würde. Dann hielt Ram unwillkürlich den Atem an.

Er sah, dass Rolf seinen Arm um Citra legte. Und das Mädchen schmiegte sich eng an den Fremden. Das Gespräch der beiden vor dem Feuer verstummte. Ram meinte fast das Atmen der beiden zu hören oder war es doch das Prasseln des Feuers, das Knacken der Glut?

Am nächsten Morgen stand ein gut gelaunter Rolf vor Ram. Die Bergkrankheit schien wie weggeflogen. Rolf schlug Ram lachend auf den Rücken und meinte: »Thik chaa!« Ram kam es vor, als wenn sein Onkel ihm direkt einen Streich in das Gesicht gegeben hätte.

Er war am frühen Morgen gegangen. Hatte seinen Rucksack genommen, gelächelt und ihr zugewinkt. Dann war er hinaus. Auf dem Weg nach Tengboche. Den Weg zum großen Berg, den auch schon viele andere gegangen waren.

Citra war alleine. Als er hinter der Biegung des Weges verschwand, fühlte sie sich alleine. Das erste Mal in ihrem jungen Leben. An den vergangenen Tagen war sie aufgestanden und hatte singend oder lachend den neuen Tag begrüßt. Das Frühstück für die Gäste bereitet. Ein Tag folgte oft unbeschwert dem nächsten. Das war jetzt anders. Alles war neu. Und nur, weil der Fremde hier gewesen war.

Sie schaute aus dem kleinen Fenster, sah den Vögeln nach, die vom Hof aufstiegen, dem Himmel entgegen. Immer kleiner wurden die Vögel, bis man sie nicht mehr sah. Citra nahm das Bild des Fremden, das er ihr geschenkt hatte. Ein kleines Farbfoto. Sie stellte es auf den Schrein, neben das Foto des Dalei Lama. Die Butterlampen davor verbreiteten ein fahles, kaltes Licht an diesem Morgen. Ohne ein Wort ging sie durch die Küche. Nahm hier und da einige Gegenstände aus dem Regal. Stellte sie wieder zurück, ohne etwas damit anzufangen.

Sie ging zu dem Tisch. Da stand noch eine Tasse mit Milchtee. Halb voll, kalt geworden. Daneben ein Teller mit Essensresten und einem Blatt. Das Blatt, welches ihr der Fremde zurückgelassen hatte. Auf dem Blatt war eine einfache Zeichnung. Citra konnte nicht lesen. Sie nahm das Blatt in die Hand. Er hatte es ihr in seiner Sprache erklärt. Citra wusste, dass sie das Blatt sehr oft in die Hand nehmen würde.

Sie sah zwei Strichmännchen. Eines hatte lange Haare. Sie fassten sich an den Händen, darüber ein Herz. Dann die nächste Zeichnung. Ein Strichmännchen ging auf einen Berg und dann zeigte ein Pfeil wieder zurück zu dem Strichmännchen mit den langen Haaren. Schließlich war auf der Zeichnung so etwas wie ein großer Vogel zu sehen, dahin gingen beide Strichmännchen. Citra ließ das Blatt sinken. Eine Träne fiel auf die Zeichnung und verwischte sie etwas. Sie würde das Blatt einmal ihrem Sohn zeigen. Es würde ein Sohn werden. Ein Luftzug strich durch den Raum. Die Butterlampen flackerten, erloschen. Da wusste Citra es.

Rolf war sehr enttäuscht. Vielleicht war er in seinem Leben noch nie so enttäuscht gewesen. Da hatten sie sich tagelang abgemüht. Die anfänglichen Euphorien waren gänzlich verflogen. Mit jedem Tag, den sie höher stiegen. Sein Rucksack schien auch schwerer zu werden. Er gab die meisten Sachen Ram. Pasang trug seine Wasserflasche. Rolf hatte kein Gehör mehr für die Berge oder die Geschichten, die Pasang dazu erzählte. Er wollte endlich in diesem Basislager ankommen, sich hinlegen und einige Tage ausruhen. Dabei waren die Bedingungen gut. Kaum Wolken am Himmel. Es war kalt und trocken. Rolf hatte des öfteren beobachtet, wie Pasang und der Träger sich auf Nepali unterhielten, meist sehr laut. Es kam ihm fast vor, als wenn sie sich stritten. Wenn Rolf versuchte zu fragen, worum es ging, hieß es meist: »Tik cha, no Problem, Sir!«

Und nun waren sie endlich hier. Ein öder und karger Ort. Felsblöcke und Schutt über dem Eis, dem Gletscher. Dazwischen einige gelbe oder blaue Zelte. Auf der Fläche lagen verstreut Plastikflaschen, Planen, Dosen, Kanister und sonstiger Müll. An einem Mast waren Gebetsfahnen aufgehängt, die wie bunte Wäsche an einer Leine flatterten. Das Basislager!

Rolf hatte auf dem Weg einen Steinblock gesehen. Darauf waren Namen und Jahreszahlen eingemeißelt. Rolf verstand. Die Namen der verunglückten Bergsteiger. Ihm schauderte. Aber wo war der Berg? Wo war der Everest? Er zeigte auf eine schneebedeckte Spitze.

Pasang sagte nur: »No Everest!« und dann noch etwas, was wie ein: »no see Everest« klang. Rolf verstand nicht. Er ließ die beiden das Zelt aufbauen und ging im Lager zwischen den anderen Zelten umher. Die Bergsteiger waren teilweise schon in den Zelten verschwunden oder sonst irgendwie beschäftigt, die letzte Stunde des Tages noch nutzend. Rolf kam sich verloren vor. Unbeachtet von den Menschen, wie sonst auch. Als wenn er dort angekommen wäre, von wo aus er die Reise begonnen hatte. Keiner fragte nach dem Woher oder dem Wohin.

Da war ein neues Zelt am Ende des Lagers aufgestellt, morgen würde der Platz bestimmt wieder leer sein. Rolf nahm sich ein Herz und sprach einen Mann an. Dieser trug eine blaue Daunenjacke und hatte einen dichten schwarzen Bart. Er saß auf einer Metallkiste und hantierte an seinen Plastikschuhen herum. Ungläubig schaute er Rolf an. Als ob er die gestellte Frage nicht verstanden hätte. Wo der Everest sei? Ob Rolf denn nicht wisse, dass der Gipfel des Everest nicht vom Basislager aus zu sehen sei. Damit war für den Mann das Gespräch anscheinend schon beendet. Er wendete sich wieder seinen Bergschuhen zu. Rolf fühlte sich wie vor den Kopf gestoßen. Hatte er was in seinen Büchern überlesen? Da war doch immer von verschiedenen Lagern die Rede gewesen, die am Berghang inmitten des Schnees standen. Gegenüber der Everestpyramide. Von wo aus hatte man das Bild gemacht, mit den Eisriesen, die um den Everest herum standen. Rolf erinnerte sich noch an die Überschrift: »The top of the world.«

Wie betrunken näherte er sich seinem Zelt. Pasang probierte gerade den Petroliumkocher aus. Auch er bemerkte Rolf gar nicht, oder wollte er ihn nicht bemerken? Rolf murmelte vor sich hin, so etwas wie: »kein Everest, kein Everest zu sehn!« Er wankte in das Zelt, vergaß fast die Bergschuhe auszuziehen und kroch in den Schlafsack.

Pasang hockte vor dem Zelt und rührte zufrieden in seiner Suppe. Auf seinem Gesicht zeichnete sich ein Grinsen ab. Der Plan schien aufzugehen.

Die Nacht war elend gewesen für Rolf. Er hatte sich mehrmals übergeben müssen. Er schaffte es gerade so, aus dem Schlafsack zu steigen und seinen Kopf aus der Zeltöffnung zu halten. Danach spürte er bohrende Kopfschmerzen. Als ob sein Kopf in einem Schraubstock klemmen würde. Rolf bekam kaum ein Auge zu in dieser Nacht. Es war mehr ein Dämmern, ein Vorsichhindösen. Bilder kamen und gingen. Rolf lag auf dem Rücken und schaute gegen die Decke des Zeltes. Plötzlich schien es ihm, als stünden dort die drei großen Eissäulen, die er auf dem Weg zum Basislager gesehen hatte. Das Glucksen und leichte Murmeln des Gletschers wurde zu einem Lachen, dem Lachen eines Mädchens. Und dann kam wieder der Schmerz, wellenartig, stechend, böse. Ein Schmerz, der alles vergessen ließ. Vergessen, warum er überhaupt diese Reise gemacht hatte.

Geschwächt und benommen war Rolf an diesem Morgen. Pasang drehte und hantierte an dem Kocher, als ob nichts gewesen wäre, kochte seinen Nepali-Tee. Ram hockte ebenfalls vor dem Zelt, fröstelnd in seinem Pullover, mit einer alten dünnen Decke zusätzlich bedeckt. Hoffte, dass der Kocher etwas Wärme für ihn spendete. Wie beiläufig fragte Pasang, wann Rolf aufzubrechen gedenke. Der Weg sei lang. Rolf verstand nicht. Es wollte nicht in seinen Verstand vordringen. Was meinte Pasang? Rolf wusste nur, dass er Ruhe brauchte. Er sagte in seinem schlechtem Englisch, dass er sich in drei Tagen so weit erholte haben werde, dass sie weiter aufsteigen könnten. Es entstand eine Pause. Pasang und Ram schlürften hörbar ihren Tee. Pasang blickte auf den Himmel, dann auf Rolf. Ihre Augen trafen sich. Pasang meinte, Rolf sei sehr krank. Der Weg wäre hier zu Ende und um 10 Uhr müssten sie wieder absteigen. Umkehren! Diese Worte wirkten wie ein Hammerschlag auf Rolf. Er versuchte Pasang anzuschreien, doch es kam nur ein heiserer Protest aus seinem Mund. Rolf griff in die Jackentasche und zeigte Pasang das Everest Permit, vom Sunshine Expeditionsservice ausgestellt. Er hielt ihm das farbig ausgeschmückte Papier direkt unter die Nase.

Das schien keine Wirkung auf Pasang zu haben. Er schob Rolf zur Seite und kroch in das Zelt. Man hörte, dass Pasang Sachen zusammenpackte. Erst jetzt fiel Rolf auf, wie wenig an Ausrüstung sie dabeihatten. Womit wollte Pasang ihn eigentlich auf den Berg führen? Wo waren die Seile, Bergpickel und Steigeisen, die sie zu dritt gebraucht hätten?

Es war, als seien ihm erst jetzt die Augen geöffnet worden. Nur die Ausrüstung für ihn hatten sie dabei, die er in Deutschland für sich gekauft hatte. Gestern schon staunte Rolf, was alles an Ausrüstungsgegenständen hier bei den einzelnen Camps aufgehäuft worden war. Welche Mengen an Nahrungsmittelkisten und Bergausrüstung. Sogar Sauerstoffflaschen. Und Rolf dachte immer, dass man nur früher mit Sauerstoff auf diesen Berg gestiegen war. Heute gingen doch die Bergsteiger so hinauf oder war dieser Berg etwa wirklich so hoch? Rolf merkte, dass er zu wenig wusste. Wenn er da hinauf wollte, musste er doch einige der Leute hier im Basislager fragen. Vielleicht konnte er sich einer Gruppe anschließen, ein Permit hatte er ja.

Rolf ging auf eine größere Gruppe von Zelten zu, merkte jedoch, dass er nach einigen Schritten stehen bleiben musste. Er rang nach Atem, wurde von einem Schwindel gepackt. War er wieder krank, wie Pasang behauptete? Er ging langsam weiter auf die Zelte zu. In der Mitte von dem Lagerplatz standen neben einigen Kisten auch ein paar Fahnenstangen. Eine Landesfahne war aufgezogen und ein Werbebanner. Die Tücher hingen schlaff im Wind. Rolf schaute sich um. Die Zelte schienen leer zu sein. Aber aus einem größeren drangen Stimmen nach außen. Ab und zu war nur die Stimme eines einzelnen Mannes zu hören, tief und dröhnend. Dann so etwas wie Fragen der anderen Stimmen. Eine Besprechung. Rolf ging in das lange Zelt hinein. Vielleicht konnte ihm hier jemand helfen. In dem Zelt saßen mehrere Menschen um einen Tisch herum. Einige der Männer hatten Bärte und verfilzte Haare, die unter den Stirnbändern hervorschauten. Sie machten einen ungewaschen Eindruck. Es roch stark nach Schweiß. Auf dem Tisch lagen Karten und andere Gegenstände. Dazwischen Blechtassen, Dosen und Zigaretten. Zigaretten! Einige rauchten tatsächlich. Rolf erkannte unter den Leuten den Mann in der blauen Daunenjacke, den er gestern nach dem Everest gefragt hatte. Das Blau der Jacke schimmerte noch unnatürlicher, verstärkt durch das gelblich fahle Licht des Zeltes. Sie sprachen Englisch und in einer anderen Sprache, die Rolf nicht verstand.

Als er eintrat, hörten die Leute mit ihrer Besprechung auf, und richteten ihre Blicke auf Rolf, der verloren im Eingang ihres Zeltes stand. Rolf brauchte Hilfe. Er sagte ihnen, dass sein Guide nicht mehr weiter wollte.

Rolf musste sich unterbrechen, husten. Man bot ihm einen Stuhl an. Er setzte sich. Die Leute fragten, aus welchem Land er sei. »Germany« war die knappe Antwort von Rolf, mehr herausgewürgt als gesagt. Jemand von den Leuten konnte wirklich etwas Deutsch. Er ließ sich von Rolf alles erklären. Ließ sich das Permit zeigen. Der Mann schüttelte den Kopf. Das Permit sei ein Stück wertloses Papier. Man habe ihn betrogen. Rolf schaute immer noch ungläubig auf sein Permit, konnte das nicht wahrhaben. Sollte alles umsonst gewesen sein? Die ganzen Mühen und Ausgaben. Ihm war sehr elend zumute. Ob ihn denn jemand mitnehmen würde auf den Everest, fragte Rolf verzweifelt. Die Männer schüttelten den Kopf. Dazu brauchte man viel Erfahrung, Training und vor allem Geld! Sie sagten, er sei nicht vorbereitet und sehr krank. Er müsse schnell absteigen, um seinen Zustand nicht noch zu verschlimmern. Rolf stand auf und wankte aus dem Zelt. Er fühlte sich, als habe er einen großen Verlust erlitten. Sein Zelt stand noch auf dem Platz. Aber Pasang war nicht mehr zu sehen. Er war schon lange abgestiegen.

Vor ihm ragten bizarre Eistürme auf. Ein intensives, durchschimmerndes, tiefblaues Eis. Mit einem türkisen Farbspiel, wenn die Strahlen der Sonne sich im Eis brachen. Manche der Eissäulen schienen so schräg zu stehen, als wenn sie jeden Moment einstürzen würden. Darüber jagten die Wolken am kobaltblauen Himmel. Diese Blauabstufungen waren so intensiv, so eindringlich. Eine Welt aus weiß und blau, und er mittendrin. Rolf sah sich im Mittelpunkt, je mehr er in diese surreale Welt des Eises vordrang. Es gab für ihn nur einen Weg, den Weg nach oben. Doch die Spalten! Es stockte einem der Herzschlag, wenn man dort hinabsah. Eine Tiefe, die sich in der Endlosigkeit der Dunkelheit verlor. Manche der Spalten waren so breit, dass man ganze Häuser hineinstellen konnte. Rolf ging auf allen vieren über die gelegten Leitern. Wenn er hinab sah, wurde ihm ganz schwindelig und übel zugleich. Ihm war, als finge die Welt an, sich um ihn herum zu drehen. Erst langsam, dann immer schneller. Rolf schloss einen Moment lang die Augen. Sah viele kleine weiße Sterne, die auf ihn zu fielen, sich in einer wahnsinnigen Geschwindigkeit näherten. Er öffnete wieder die Augen. Das Maul des Todes direkt unter ihm, gähnend, zahnlos und doch verschlingend. Rolf biss sich auf die Lippen. Er spürte nichts und kroch über die Leiter, ließ sich am anderen Ende in den Schnee fallen. Blickte auf die Schneefläche vor sich. Langsam, ganz langsam tropfte es rot auf den Schnee. Seine Blutstropfen bildeten einen Halbkreis im Weiß. Er sah auf. Sah in die Ferne. Irgendwo zwischen den Eistürmen waren Gestalten. Sie bewegten sich wie in Zeitlupe voran. Hoch über ihm in den Eistürmen war ein blauer Fleck. Die Daunenjacke und der Mann, der sie trug.

Rolf war diesen Bergsteigern heimlich nachgestiegen, in aller Frühe. Nun gab es kein Zurück mehr. Nur noch ein Vorwärtssteigen, ihnen nach. Rolf stützte sich auf seinen Pickel, atmete aus. Sah, wie der Hauch sich langsam auflöste, Figuren bildete. Er musste weiter. Er hangelte sich an einem Fixseil entlang. Ungesichert! Wo war der Weg? Wie weiter? Rolf sah nur eine Eiswand, die ihm das Weiterkommen versperrte. An der Eiswand das Seil. Das Seil verlief waagerecht an der Wand, aber kein Weg war dort. Rolf blieb stehen. Er musste stehen. Sein Herz schlug bis zum Hals, er keuchte nach Luft. Er packte mit beiden Händen das Seil, soweit es mit den Handschuhen ging und versuchte sich mit den Steigeisen an der schmalen Rinne in der Wand zu halten. Versuchte die Wand zu queren. In der Mitte der Wand verließen ihn die Kräfte. Er merkte, wie seine Hände anfingen zu zittern. Das linke Steigeisen knirschte. Rutschte vom Schuh ab. Er verlor den Halt. Wie in einem Karussell kreiste alles, als er nach unten stürzte.

Ram war ihm nachgestiegen. Er musste dem Fremden nachsteigen. Hinein in die Welt aus Eis und Kälte. Es war ihm nicht genau klar, warum er es tat. Warum er nicht wie Pasang zurückgegangen war. Wie krank der Fremde war. Zu krank um weiter zu gehen. Ram hoffte, ihn aufhalten zu können. Oder überreden, dass er doch umkehren solle. Vielleicht konnte der Fremde ihm Geld schicken, wenn Ram ihm helfen würde. Ram brauchte dringend Geld. Am frühen Morgen war der Fremde aufgebrochen, schwankend einer Gruppe von

Bergsteigern nachgefolgt. Ram hatte ihn nicht aufgehalten. Er würde bestimmt schnell wieder zurückkehren.

Der Fremde war nicht zurückgekommen. Die Zeit verstrich. Ram war in das nächste Camp geeilt. Hatte einige Sherpa gefragt, ob sie den Fremden nicht zurückholen könnten. Niemand wollte! Ram hatte sich diese Bergschuhe und Nagelschuhe erbettelt. Ein Sherpa hatte ihm geholfen, die Eisen anzulegen. Die Schuhe drückten furchtbar. Ram verstand nicht, wie man damit gehen konnte. Er wagte sich in den gewaltigen Eisbruch vor, mehr torkelnd als gehend. Auch Ram merkte die Höhe. Ihm kam es vor, als würde das Eis sprechen. Überall war ein Knirschen und Krachen zu hören. Ram meinte, die Bewegungen des Eises zu spüren. Als ginge er auf einem schlaffen Tier, einem Drachen. Überall waren große Risse zu sehen, dazwischen wand sich der Weg. Über diese Risse hatten sie Leitern gelegt, Seile gespannt. Alles nur, damit die vielen Fremden auf den großen Berg konnten. Was wohl der Gott des Berges dazu sagte? Konnten ihn die Gebete und Opfer der Lama gnädig stimmen? Ram glaubte es nicht. Er blieb stehen, rang nach Atem. Griff nach seinem Amulett. Dasai Kali. Vielleicht konnte sie helfen. Ram sah die dunkle Statue vor seinen Augen. Man konnte kaum die Konturen eines Gesichtes erkennen, eingerahmt von Silber. Ram schreckte zurück. Vor ihm war nur ein grauer dunkler Eisblock. Er sah auf die Wollhandschuhe. Auch geliehen. Sie hatten Löcher und waren ganz durchnässt. Die Leitern waren kalt. Manchmal kam es Ram vor, als klebten die Handschuhe an den Sprossen. Aber er musste weiter, dem Fremden nach. Er hoffte, den Fremden bald zu sehen. Dieses Weiß. Ihm brannten die Augen. Ganz schwach fühlte er sich auf einmal.

Ram merkte, wie seine Kräfte nachließen. Wie bei einem umgestürzten Krug, wenn das Wasser ausläuft. Sein Mund war trocken. Ram steckte sich Schnee in den Mund. Der Schnee brannte wie Feuer, das die Kehle herunterrinnt. Irgendwo in diesem Weiß, in diesem Wald aus Eisbergen, musste der andere sein. Ram wunderte sich, dass der Fremde so weit gekommen war. Was trieb ihn bloß an, war der Fremde am Ende wahnsinnig geworden? Einem Wahnsinnigen zu helfen hatte keinen Sinn. Ram wusste, dass er hätte umkehren sollen, wie Pasang. Er hatte sich mit Pasang gestritten. Pasang drohte ihm, wenn er nicht mit absteigen würde, dann gäbe es kein Geld. Aber er war doch der Träger des Fremden, nicht von Pasang! Der Fremde würde ihn bestimmt gut bezahlen. Wer eine so weite Reise macht hat viel Geld, das wusste Ram. Pasang hatte geflucht und war alleine abgestiegen. Jetzt sah es Ram ein, er hätte vielleicht doch mit Pasang gehen sollen. Den Fremden seinem Schicksal überlassen, aber dafür war es nun zu spät. Nun war Ram hier in dieser Welt aus Eis.

Plötzlich stand er vor einer Wand. Sie schimmerte blaugrau. An der Seite führte ein Seil entlang. Es war kein Weg mehr vorhanden, nur eine schmale Rinne, die die Sherpa in die Wand geschlagen hatten. Unter der Wand war ein Abgrund. Ein gähnendes Nichts. Wie die Nacht am hellen Tag. Da lag er. Auf einem Vorsprung. Einige Meter unterhalb der Wand, direkt vor der dunklen Unendlichkeit. Ram sah jetzt deutlich das Leuchten der Jacke. Als ob eine Orange dort unten im Schnee liegen würde. Ob der Fremde noch lebte? Sollte Ram umkehren und Hilfe holen? Er wusste es nicht. Die Sherpa waren nicht mitgekommen, warum sollten sie jetzt kommen? Sollte er versuchen sich hinabzuwagen? Ram zögerte. Als ob ihn eine unsichtbare Hand zurückhielte.

Auf einmal erinnerte sich Ram an die Postkarte. Die Karte aus seiner Kiste. Die Karte mit den drei Bergen. Jetzt wusste er, welcher Berg es in der Mitte der Karte war. Die Pyramide aus Stein, die aussah wie ein großes Tempeldach. Ein Tempel, den man nicht betreten durfte. Dieser Berg, er war hier. Ram spürte förmlich seine Gegenwart. Er hatte ihn betreten und das trotz des Verbotes. Er wusste, was die Strafe dafür war. Ihm fröstelte. Eine Kälte, die von innen kam. Aber da unten lag der andere.

Ram blickte auf. Fast erleichtert sah er sie. Da waren Menschen. Ein Mann in einer blauen Jacke stieg herab. Ram winkte ihnen zu, rief sie auf Nepali an. Sie waren noch weit. Er trat einen Schritt vor. Es war ein Schritt zu viel. Ram stolperte mehr in die Spalte, als dass er direkt in sie fiel. Verlor gänzlich den Halt. Konnte sich nirgendwo halten. Die Wände waren glatt und hart. Er rutschte an dem Fremden vorbei und fiel dann in die Dunkelheit. Nach einigen Sekunden hörte man einen dumpfen Schlag und dann nur noch das Knirschen und Knacken des Eises.

Aus dem Expeditionstagebuch der neuseeländischen Mount Everest Expedition vom 6. Mai 1995: An dem heutigen Tag sind wir erneut zum Camp 1 aufgestiegen. Die Bedingungen waren gut. Die Leitern haben die letzten Tage gut gehalten. Trotz der massiven Bewegung des Gletschers sind sie kaum verschoben. Die Akklimatisation in unserem Team macht sich bemerkbar. Wir werden diese Woche zu Camp 2 aufsteigen. Vielleicht ist in einer Woche der Gipfel drin.

Beim Abstieg durch den Gletscherbruch sind vor unseren Augen ein Trecker und sein Träger abgestürzt. Das passierte im unterem Teil des Bruches. Gut ein bis zwei Stunden vom Basecamp entfernt. Für den Nepali kam jede Hilfe zu spät. Der war in der Spalte verschwunden. Den Trecker haben wir in einer aufwändigen Aktion aus der Spalte geborgen. Hat viel Zeit gekostet. Es war der deutsche Junge, der vor zwei Tagen im Basecamp ankam. Unser Arzt spricht von schweren inneren Verletzungen und akuter Höhenkrankheit. Im Camp haben wir den Deutschen erst einmal ins Sauerstoffzelt gelegt. Er müßte eigentlich sofort mit einem Hubschrauber nach Kathmandu …

Er saß in der kleinen Kneipe. Einer Kneipe von vielen in dieser grauen Stadt. Oft hatte er hier schon gesessen. Abend für Abend. Am Tisch hinten in der Ecke. Was soll man auch schon machen, wenn man so lange arbeitslos war. Hier über seiner Ecke, wo das Schild »Stammtisch« baumelte, hier war er am liebsten. Traf sich mit den anderen Kumpels, die genauso arbeitslos waren wie er, die gleichen Probleme hatten. Vor ihm ein Aschenbecher, ein Bier und ein Korn. Er hatte viel geraucht an diesem Abend. Wenige Worte gewechselt, wollte allein sein.

Dann lag da noch etwas auf dem Tisch. Der Umschlag mit den Fotos. Das einzige, was er noch von dem Jungen hatte. Die Botschaft hatte die wenigen Habseligkeiten nachgeschickt. Darunter war auch der Fotoapparat mit einem vollen Film. Nun waren die Bilder entwickelt. Er hatte sie an diesem Abend immer wieder angeschaut. Als ob ihm die Bilder eine Geschichte erzählten. Die Geschichte von seinem Jungen. Etwas unscharf waren einige Bilder, aber man konnte alles erkennen. Eine fremde Stadt: Tempel, Autos, Menschen. Er legte das Foto zur Seite. Trank seinen Korn. In einem Zug. Knallte das Glas auf den Tisch, bestellte noch einen.

Auf dem nächsten Bild war ein Bus zu sehen. Die Menschen saßen auf dem Dach. Dann ein brauner Junge, vielleicht 14 Jahre alt, der einen großen Korb trug, bis oben hin voll bepackt. Irgendwie sah dieser Junge sehr traurig aus. Überhaupt fiel ihm auf, dass die meisten Menschen auf den Bildern traurig ausschauten. Er zündete sich eine an. Die letzte aus der Schachtel. Er nahm die Schachtel, zerknüllte sie und warf sie zu den anderen beiden.

Warum war sein Junge nur fortgegangen? Der hatte es doch gut gehabt. Er hatte ihm eine Lehre besorgt, der Junge sollte etwas Anständiges lernen. Eine Arbeit haben.

Und dann schmiss sein Junge wieder mal alles hin, nur wegen dieser Flausen im Kopf. Auf diesen Berg steigen wollte er. Auf diese Idee wäre er früher nicht gekommen. Sein Vater hätte ihn ordentlich verprügelt. Das hat man davon. Er war viel zu weich mit dem Jungen gewesen. Und nun würde er nie wiederkommen.

Er legte seine Zigarette in den Ascher und trank einen Schluck Pils. Das Licht über dem Tisch war vernebelt von dem Qualm. Er nahm das nächste Bild zur Hand. Seine Hand zitterte leicht. Ein Mädchen mit leicht mandelförmigen braunen Augen. Ein weiteres Bild zeigte seinen Jungen, wie er neben dem Mädchen stand, das Mädchen blickte zu Boden. Ob sie das Mädchen von seinem Jungen war?

Er trank das Pils aus. Fast wäre das Glas umgekippt. Auf den nächsten Bildern waren Berge zu sehen mit weißen Spitzen. Ein Lager mit vielen Zelten und bunten Fahnen. Ein Mann mit einem dichten schwarzen Bart und einer blauen Daunenjacke. Dieser sah finster drein.

Er nahm das letzte Bild zur Hand. Es war etwas unscharf. Bizarre Eisformationen und Türme aus Eis. Dazwischen so etwas wie Leitern. Er legte die Bilder zur Seite, neben die zerknüllten Zigarettenschachteln.

Dann hörte er den Wirt sagen: »Kalle, mach jetzt Schluss, ich muss schließen!«

Der Eiskristall

Erste Begegnung

»... und warum hast du mich hier hingeschleppt? Es ist doch reine Zeitverschwendung, wir haben noch so viel zu arbeiten ... Die Kisten mit dem Material sind erst zur Hälfte da, morgen kommt noch eine Frachtmaschine. Wir müssen die Träger anheuern. Ich weiß gar nicht, was ich zuerst machen soll!«

Die Männer, beide Mitte dreißig, saßen in diesem Raum. Derjenige, der gesprochen hatte, war von großer Statur, muskulös und hatte ein hartes Gesicht. Die Lederjacke und die Armeehose waren schon etwas abgewetzt und zeugten von Unachtsamkeit, was Kleidung anging. Der andere Mann war kleiner. Blondes, kurzes Haar. Ein kurzer, gestutzter Vollbart. Er trug eine Fotoweste. Verschiedene Objektive wölbten die Taschen der Weste nach außen. Fahles Licht drang durch die Fenster. Die Lichtstrahlen suchten sich ihren Weg wie Scheinwerferkegel in der rauchigen Luft des Raumes. Der Rauch des Räucherwerkes, das vor der goldenen Statur verbrannt wurde. Die Buddhastatue stand im Halbdunkel am Ende des Raumes, schemenhaft und unwirklich. Davor befanden sich in zwei Reihen kleine niedrige Tische mit Sitzkissen dahinter.

Hinter den Tischen saßen die rot gekleideten Mönche im Lotussitz, an einem etwas höheren Tisch der Abt. Schwere Düfte benebelten die Sinne und den Raum, der erfüllt war von dem monotonen Singsang der Mönche. Auf und abschwellende dunkle Töne in einer unbekannten Sprache, gesungene Gebete. Dann Stille, doch nur für einen Moment, bis plötzlich ein lautes Trommeln und Trompetentöne aus Muscheln und langgezogenen Blasinstrumenten einsetzten. Die Puja war beendet, die Mönche erhoben sich, verließen langsam den Raum. Ein leichter Wind strich durch das Fenster herein, verteilte den Rauch. Auf den kleinen Tischen lagen die Gebetsstreifen, Reiskörner und Messingschalen.

Nur ein Mönch war sitzen geblieben, blickte auf die Männer, die neben dem Eingang auf Kissen hockten. Sein Blick ging durch sie hindurch, wanderte in die Ferne, hoch und weitab. Dorthin, wo leise und still die Eiskristalle hinabwehten. Still und unberührt. Jedes für sich schön und funkelnd in seiner Einzigartigkeit und Perfektion.

Der Mann mit der Fotoweste erhob sich und setzte sich vor den Mönch auf den Boden. Dieser lächelte, nahm einige Reiskörner und streute sie auf den Kopf des Fotografen. Dann wandte der Mönch seinen Blick ab. Fast sorgenvoll wie der Blick eines Vaters sah er den zweiten Mann an, welcher noch am Eingang saß. Er fragte leise, aber trotzdem hörbar, warum sie auf den Berg gehen wollten.

Eine Pause entstand. »Weil ich einfach gut bin! Eine Herausforderung, jetzt, mein Job, verstehst du! Ich muss dahin, die Firmen!«, erwiderte der Angesprochene.

Wieder eine Pause, als ob der seichte Wind die Worte mitgenommen hätte, sie zerteilten, wie den Rauch einer Räucherkerze. Der Mönch lächelte wieder, aber dieses Mal schien es, als sei Wehmut in seinem Lächeln verborgen. Er streckte seine Hand aus und berührte das Gesicht es Fotografen, der immer noch vor ihm saß.

»Es ist nicht nötig, dass ihr geht! Ich war schon oft dort oben, es ist dort still, füllt eure Seele mit der Stille und ihr seid dort!« Das Lächeln verschwand und das Gesicht des Mönches schien unbeweglich. Er schloss seine Augen und es schien, als hätte er seinen Körper verlassen.

Zweite Begegnung

Es war ein Ort des Todes. Am gegenüberliegenden Ufer des Flusses stiegen die Rauchsäulen der Feuer auf.

Männer hüllten die Toten in bunte, große Tücher. Blumen kränzten die Verstorbenen, deren Asche dann in den Bagmati gegeben wurde. Auf den trüben Wassern trieben Blumen und Aschenreste. Eine Reise in ein neues Leben, so glaubte man.

Hier an diesem Ort gab es viele Sadhus, echte und falsche. Solche, die ihr Leben Shiva oder dem Geld der Touristen weihten. Einige von ihnen gingen die Wege entlang, segneten die Leute für Geld oder ließen sich für einen entsprechenden Preis fotografieren. Andere saßen nur da. Meditierten. Zu einem solchen führte der Fotograf Sven seinen Partner, den Extremkletterer. Sven hatte sich einen Blumenkranz gekauft und ihn umgehängt. Ein bunter Punkt, eine Ticka, befand sich auf Svens Stirn.

Der Sadhu saß dort. Im Schneidersitz. Der mit Asche eingeriebene Körper war fahlgrau. Ein langer verfilzter Bart reichte vom Kinn herunter, bedeckte den ansonsten nackten Körper. Zwischen den Augen ein leuchtend roter Punkt. Der Mann saß dort, bewegungslos, die Augen weiß, als seien sie tot.

Die beiden Weißen standen vor dem Sadhu und die Menschen im Tempelbezirk strömten an ihnen vorbei. Der eine fassungslos, mitgerissen, der andere gelangweilt. Beide schauten auf den Sadhu, einer bewegungslosen, mamorgleichen Statue. Plötzlich erschienen dunkle Pupillen in den leeren, weißen Augen.

Sie richteten sich bohrend auf die Europäer. Mit eindringlicher Stimme sprach er Worte. Dann verstummte er. Die Pupillen kehrten sich wieder nach innen, als habe es keine Veränderung gegeben. Was war die Bedeutung der Worte, die drohend in der Luft hingen? Die Menschen drängten am Sadhu vorbei und brachten den Göttern ihre Opfergaben.

Der graue Sadhu erhob sich und die Sihouette seines schmalen Körpers zeichnete sich vor dem blauen Himmel ab. Er stand gleich einem unbeweglichen Felsen. Die beiden Europäer entfernten sich, gefolgt von einem alten Mann. Er sprach sie in schlechtem Englisch an. Ob sie den Sadhu gehört hätten? Die Bedeutung seiner Worte verstanden hätten? Er sagte es. Nicht betreten sollten sie die heilige Stätte. Den Göttern ihre Ruhe lassen. Der Ort wäre ihr Tod, ein langer Tod. Betroffen sahen sich die Bergsteiger an. Der alte Mann war verschwunden, als hätte sich nichts ereignet.

Lichter einer Stadt

In den großen Pfützen spiegelten sich die farbigen Lampen der Bars, Restaurants und Hotels wider. Buntes, lautes Treiben in den Straßen und Gassen. Zwischen den Bars befanden sich kleine Shops und Buden, die alles feilboten. Ein unendliches Angebot von bedruckten T-Shirts, Hosen, Schirmmützen. Läden mit Ausrüstung. Rucksäcke, die dichtgedrängt über dem Eingang hingen. Kocher, Steigeisen und Karabiner leuchteten bunt in den Auslagen. Daneben kleine Läden, die Bilder verkauften. Riesige Mandalas oder kindlich naiv bemalte Landkarten und doch kunstvoll bis ins Detail. Überall Menschen, die sich von dem Treiben mitreißen ließen. Altgewordene Hippies, die von der Nostalgie übermannt hierhin zurückgekehrt sind. Reisende aus Japan, die ihr straffes Kulturprogramm durchzogen. Israelis nach ihrem Armeedienst, die vor dem Studium noch die Berge sehen wollten. Treker aus aller Herren Länder und natürlich die Bergsteiger.

Zwei von ihnen waren Sven der Fotograf und Pjier, ein aufsteigender Neuling in der Extremkletterszene und immer auf der Suche nach Sponsoren. Im Profibergsport erstieg er den schmalen Grat des gerade noch möglichen. Dafür brauchte man Beweise. Dafür brauchte man gute Fotos. Exzellente Fotos! Das hatte ihn zu Sven geführt. Einem der wenigen Fotografen, die im schwersten Gelände genauso gut die Videokamera als auch den Fotoapparat zu handhaben wussten. Einige dieser Bilder waren sogar in Magazinen abgedruckt worden, zum Beispiel seine spektakuläre Eiskletterei durch die »Himmelspforte«, einem fast 600 Meter hohen Eisfall. Sven hatte gute Arbeit geleistet. Nun war seit einigen Monaten ein Loch in seinem Inneren. Was würde folgen? Die Szene wartete. Welche Wand war die nächste? Gab es überhaupt noch eine nächste Wand?

Beide liefen spät abends durch die bunte Stadt. Pjier war schon etwas angetrunken. Die letzte Gelegenheit, an Alkohol zu kommen, bevor es wochenlang auf den Berg ging. Dort hielt er strenge Abstinenz. Morgen früh würden sie mit dem Bus zum Ausgangspunkt der Tour, einem kleinen Dorf, fahren. Der LKW hatte schon das Gepäck dorthin gebracht. Man würde die Träger treffen und der Aufstieg konnte beginnen. Gut acht bis zehn Tage zum Basislager. Dann warten.

Pjier zerrte Sven in die Känguru Bar. Ein Lokal, das am See lag. Noch einen Drink, den letzten. Sein Begleiter kam nur widerwillig mit, er liebte die Stille. Er hatte den ganzen Nachmittag am Ufer gesessen und in die kleinen Wellen des Sees geschaut. Sich gefragt, wie ernst man das Gehörte nehmen sollte. Wo waren die Grenzen des Legalen? Gerade bei dem, was sie sich vorgenommen hatten. So kam das Gespräch wieder auf den Berg.

»Können wir das überhaupt machen?! Was, wenn die Träger spitz kriegen, was wir vorhaben? Das gibt doch einen Aufstand!« Sven sprach nicht mehr weiter. Pjier sah Sven durch sein Whiskyglas an. Er runzelte die Stirn. »Ich denke, das Thema haben wir doch schon hundertmal durchgekaut. Die Besteigungslizenz hab ich seit langem in der Tasche und der nepalesiche Verbindungsoffizier ist mit Geld abgespeist.

»Natürlich!«, erwiderte Sven. »Die Lizenz für den anderen Berg, nicht für den unseren. »

So ging die Diskussion wieder weiter, die die beiden bereits seit Monaten führten, am Ende siegte jedoch Pjiers selbstsichere Art über Svens Zweifel, das Verbotene zu wagen.

Der Weg

Sven lag in seinem Bett, einer Holzpritsche, auf dem Rücken, hatte sich halb aus dem Schlafsack geschält und schaute den Holzverschlag des Zimmers an. Grob gezimmert. Mit der rechten Hand griff er hinter sich. Irgendwo neben dem Brustbeutel waren die Zigaretten. Das Feuerzeug fand sich auch. Er fummelte eine aus der Schachtel und steckte sie an. Der erste tiefe Zug an diesem Tag. Die Zigarette glimmte im fahlen Morgenlicht. Bergsteigen und Rauchen! Ein Streitpunkt zwischen ihm und Pjier. Sven war sonst ein Sicherheitsfanatiker. Ganz im Gegensatz zu Pjier, der das Risiko liebte. Aber das Rauchen?

Pjier schnarchte noch im anderen Bett. Von draußen aus dem Dorf drangen Geräusche in die Logde. Irgendwo krähte ein Hahn, Hühner gackerten. Ein Mann schlürfte mit seinen Schlappen über den Weg, blieb stehen und spuckte laut aus. Unten in der Küche wurde ein Teil der Träger wach. Lautes Gerede, hin und her. Der Geruch von Holzfeuer durchzog das Haus.

Der erste Milchtee wurde gekocht. Gleich müssten sie aufstehen. Porrigde mit Petroliumgeschmack essen. Schon der vierte Tag mit Porrigde am Morgen. Für die Toilette und das Waschen gab es auch nur zehn Minuten. Und dann der Weg. Auch heute würde es wieder ein langer Weg werden, wie gestern. Ein schlimmer Weg. Die Regenzeit! Sie müsste eigentlich schon seit zwei Wochen vorbei sein. Die Hänge waren durchgeweicht und rutschten überall ab. Ein Träger wäre gestern fast abgestürzt. Sven sah das Bild noch deutlich vor sich. Der handbreite Weg. Verstärkt an einer Stelle mit ein, zwei Baumstämmen. Kleine Bäche kamen an der Seite vom Hang herab, wie Miniaturwasserfälle. Unter ihnen, tief unten das Donnern des Gletscherflusses. Der Fluss war so reißend, dass er fast zu explodieren schien, kochende Milch, die überschäumt. Der Träger war an dieser Stelle ins Rutschen gekommen. Da er seine Last retten wollte, stürzte er fast ab. Er konnte sich gerade noch an dem Wurzelwerk einiger Sträucher festhalten. 50 Meter unter dem Mann toste der Gletscherfluss. Er hatte Glück gehabt, die Last war jedoch verloren. Das gehörte dazu, musste einkalkuliert werden, hatte Pjier gesagt.

Dieser Weg war schlecht. Manchmal durchzogen ihn breite Risse, als ob es jeden Moment abwärts gehen würde. Ab und zu musste man einen Umweg durch den Bergwald, der eigentlich mehr ein Dschungel war, nehmen. Und dazu immer dieser Regen. Svens Lederschuhe wollten nicht mehr trocknen. Auch seine Socken stanken meilenweit. Die Plastikschuhe auspacken – auf keinen Fall! Dann würden die auch noch nass werden. Bei der Kleidung wusste man nicht, ob die Feuchtigkeit Schweiß oder Nässe war, die einfach nach innen drang. Sie hatten ihre Kleidung in der Logde um den alten Ofen gelegt. Eigentlich ein altes Ölfass mit einer Öffnung für das Feuerholz. Aber richtig trocknen wollte die Kleidung nicht. Und auf die Bergsachen musste man Rücksicht nehmen.

Sven hatte fertig geraucht, stand auf und blickte aus dem Fenster. Ein grauer, fahler und wolkenverhangener Tag. Dazwischen manchmal einige blaue Löcher. Also auch heute wieder Regen! Vom Berg war nichts zu sehen, obwohl sie schon fast an seinem Fuße standen, natürlich auf der anderen Seite. Der Fluss war zwischen ihnen. Unmöglich, ihn an dieser Stelle zu überqueren. Der Berg hüllte sich in Wolken, wie in eine Decke. Geheimnisvoll, verboten!

Das Basislager

Einige Tage waren sie nun schon hier im Basislager und noch immer keine Aussicht auf Wetterbesserung. Es gab größere Expeditionen, die schon wochenlang in ihrem Basislager warteten und dann doch unverrichteter Dinge abziehen mussten. Sven hatte seine zwei Romane schon durchgelesen.

Pjier war immer wieder dabei, die Routenplanung zu überprüfen. Sie würden mit Hilfe der Träger Lager I und Lager II aufbauen. Lager III sollte etwa vierhundert Meter höher liegen. Dies würde jedoch nie gebaut werden. Ein zu schwieriges Gelände würde den Trägern genug Vorwand sein, nicht folgen zu müssen. Pjier und Sven würden in Wirklichkeit zu dem anderen Berg abbiegen, ihrem Berg. Fünf Tage hatten sie dafür vorgesehen. Unterhalb des Grades musste eine gewaltige Wand gequert werden. Und dann, dann würden sie aufsteigen in die Eisrinne. Die Eisrinne! Sven hatte einmal ein Foto gesehen. Von einem anderem Bergsteiger. Aus 5 000 Metern Höhe aufgenommen. Selbst aus dieser Perspektive war der

Gipfelaufbau mächtig, und in der Mitte, wie in einem riesigen Kamin, die schneeweiße Rinne, die zum fischschwanzartigen Gipfelaufbau führte.

Jetzt gab es nicht mehr viel zu tun. Die Steigeisen für die Träger waren angepasst. Eine provisorische Arbeit. Sie hatten die Eisen ausgeliehen. Einige waren bestimmt 25 Jahre alt. Die Riemen durchgescheuert, die Eisen verrostet. Sven und Pjier hatten einiges erneuert, die Eisen gefeilt. Das Anpassen an die Schuhe war auch anstrengend. Auch die Schuhe mussten ausgeliehen werden. Schließlich konnte man die Träger nicht in Badeschlappen oder Straßenschuhen den Gletscher raufschicken. Selbst eine kleine Expedition verlangte den entsprechenden Aufwand.

Nun saßen sie hier. Auf der anderen Seite der Muräne. Einer gewaltigen Muräne. Geschaffen von dem Achtausender, der als erstes bestiegen wurde. Eine Geschichte von Kampf, Kälte und Blut. Und doch hatte es dieser Franzose geschafft. Sie würden es auch schaffen. Es würde Proteste geben, vielleicht Aufruhr. In der Heimat Ablehnung und Diskussionen. Aber damit war man bekannt, man war publik. Und genau das wollte Pjier. Sponsoren interessieren sich nicht für Ethik und Kultur. Schon gar nicht für religiöse Vorbehalte anderer. Die Story! Die Gefahr an der Wand! Die Popularität des Berges. Alles Gründe, einen Versuch an dieser Stelle zu wagen. Sven hatte von Anfang an Vorbehalte gehabt. Aber er hatte eine Schwäche. Fotos aus einer ungewöhnlichen Lage zu schießen. Und er wusste, dass er gut war. Zu gut! Darum kam er mit. Der Reiz, aus dem fast nicht Möglichen noch bessere Fotos zu bringen, zum letzten Mal.

Ein letztes Mal! Nun saßen sie hier. Der Wind zerrte an den Zelten. Die Wolkenfetzen jagten an den Gipfeln vorbei. Manchmal war ein Wolkenloch zu sehen. Weiße Spitzen lugten hervor.

Der Fischschwanz blieb jedoch verhangen. Seit Anbeginn schon hüllte er sich in eine dunkle dichte Decke. Düster, unzugänglich, empört. Manchmal hörte man ein Poltern von dort, das zu den Zelten herüberhallte. Wie eine Drohung, ein erhobener Zeigefinger.

Die Wand

Schon der Einstieg war unmöglich. Das Eis zersplitterte mit jedem Schlag und es war schwer, sich in die Eisgeräte zu hängen. Aber nun war er da, der lang ersehnte Moment. Der Augenblick, in dem man es wagen konnte. Sven dachte an die letzten Tage. Das Wetter hatte sich plötzlich geändert. Ihr Unternehmungsgeist war erwacht. Jetzt mussten sie es wagen.

Endlos, endlos unterwegs waren sie. Aufbauen, absteigen, Material hoch schaffen. Die Hoffnung, dass das Wetter anhielt, hoffentlich hielt es an! Immer die Wand vor Augen, diese Wand, dieses Weiß. Letzte Anweisungen an die Mannschaft, die nicht das wirkliche Ziel kannte, die getäuscht wurde. Dann endlich waren sie auf sich allein gestellt. Seit zwei Tagen schon. Weißer Schnee, Kälte, der kleinste Raum ihres Zeltes, nur warme Suppen und Energieriegel. Und immer das Ziel vor Augen, die Wand. Dafür schleppte Sven auch seine Fotoausrüstung. Erst kam ihm jedes Objektiv wie eine Tonne vor, aber dann, als würde er über die Felsen fliegen, spürte er die Anstrengung nicht mehr. Jedes Gefühl für Hunger oder Durst schien wie aufgehoben. Er wollte nur noch gehen, steigen, wieder gehen, einfach so in das weite Weiß des Berges hinein, bis ihn eine Hand, eine Faust stoppte.

Es war die Wand. Nun endlich standen sie davor, wie vor einem gewaltigen Wesen, das sich in reinem Weiß abhob vom kalten Blau des Himmels. Ein reines Weiß, unberührt, ohne Farbe, ohne Freude, ein Zeichen tiefster Trauer. Aber der Berg schwieg nicht. Er schickte in einem fort Eis und Geröllbrocken herab. Mahnend, abweisend. Pjier hatte nur gesagt: »Nun denn, auf ein Neues!«

Sven sah nur einmal nach oben, über sein Eisgerät hinaus, in dieses endlose Nichts der weißen Wand, die oben in einem blauen Loch aufhörte. Als sei nicht der Himmel das alles Umgebende, sondern diese Wand. Er konnte kein Foto machen, denn Pjier stieg wie eine Maschine. Er schlug die Eisgeräte ein, drehte wenn nötig eine Schraube, klinkte ein, schlug erneut ins Eis. Sven erreichten bei jedem Schlag kleine Eisschauer, die von oben herabrieselten. Funkelnd stob die Wolke herab, prasselte auf seinem Helm. Er rief Pjier hinauf, dass er anhalten sollte, doch dieser schien nicht hören zu wollen.

Mechanisch wie ein Roboter arbeite dieser sich vor und schien alles um sich herum zu vergessen. Das Eis wurde zusehends spröder. Sven kannte Wände, in die brauchte man die Eisgeräte nur »einzuhängen«, hier jedoch … Während einer kurzen Pause gelang Sven sogar ein Foto. In diesem Augenblick schien alles zu erstarren. Als ob er und Pjier eingefroren seien, den absoluten Nullpunkt erreicht hätten, keine Bewegung, kein Leben.

Doch im nächsten Augenblick offenbarte sich die Lebendigkeit und die Eigendynamik der Umgebung um sie herum. Ein leichtes Beben, ein Poltern war plötzlich zu hören. Auf der anderen Seite lösten sich Eisblöcke. Wie in Zeitlupe schwebten sie vorbei, stürzten Schneewolken mit sich reißend in die schauderhafte Tiefe. Sven schien es, als hörte er nur seinen eigenen schnellen Atem, während er in den Eisgeräten hing. Langsam, ganz langsam und behutsam drehte er eine Eisschraube heraus. Und als er drehte stellte er fest, dass sich die Schraube halb im leeren Raum drehte.

Wie war das möglich? Das konnte, das durfte doch in dieser Wand nicht sein. Und doch, es war wahr, sie kletterten schon die ganze Zeit auf einer hauchdünnen Eisschicht!

Die Erfüllung

Pjier stieg und stieg. Das Gefühl von Zeit und Raum schien ihm verloren. Er war oft alleine gestiegen. Ohne Sicherungsgefährten. Hatte manche Wand bewältigt, hunderte Meter unter ihm das spiegelnde Eis. Doch nun war es anders. Er war nicht allein losgezogen, aber er würde allein ankommen.

Nichts würde man finden, nichts würde zeugen von der Anwesenheit des anderen. Vielleicht einige rote Spuren auf dem weiß-blauen Eis. Das Echo! Das Echo, es war grausam. Einfach zu grausam. Als spräche der Berg ein Gericht. Dieses gellende Echo, es würde Pjier verfolgen, jede Sekunde seines Seins. Sich in jede Faser seines Ichs einprägen, immerzu präsent. Wie ein Vorwurf, wie eine ewig währende Strafe.

Das Echo, das zeitverzögert zurückkam. Alles noch einmal wiederholte. Das Echo hatte es ihm bewusst gemacht. Die Schwere seiner Handlung vor Augen geführt.

Die Mahnung. Er hatte die Mahnung zur Umkehr gehört. Er hatte sie überhört. Als wären die anderen Mahnungen schon nicht ausreichend gewesen.

Jetzt aufgeben? Unmöglich, trotz der Mahnung. Wo doch schon so viel gewagt war. Die Sicherheitsbedenken seines Partners. Dann hätte man auch unten bleiben können. Risiko, ja das gab es immer. Die Zeit drängte. Da konnte Pjier nur wegen einiger guter Fotos keine aufwändige Sicherung betreiben, es war einfach nicht sein Problem. Da gab es ein Wort seines Partners, das Wort »Psychologische Sicherung«. Es hatte Pjier geärgert, in ihm gebohrt. Pjier hatte sich daraufhin ausgeklinkt und die lächerlichen Eisschrauben hinabgeworfen. Zu seinem fassungslosen Partner. Und dann, dann musste es passiert sein. Vielleicht hatte sein Partner die Nerven verloren.

Nun war Pjier allein, stieg allein. Hinauf durch die Welt des Eises. Eine Welt der Stille, nur unterbrochen durch das Einschlagen der Eisgeräte. Wie lange noch bis zum Einbruch der Dunkelheit? Nun, er wusste es nicht. Was er aber wusste, was ihn vorwärts trieb, war die Flucht. Die Flucht vor dem Schrei. Die Flucht vor dem Echo, welches ihn verfolgte, ihm an den Fersen haftete, sich in seine Seele eingebrannt hatte.

Dritte Begegnung

Was Pjier nach oben trieb, war nicht nur der Wille zu überleben. Nein, es war mehr. Er dachte an die Begegnungen zurück.

An die Warnungen, von denen er nichts hielt. Es trieb ihn sein Trotz an, er wollte es trotzdem schaffen. Den Elementen widerstehen. Er würde es schaffen. War es die Dämmerung? Langsam, so kam es ihm vor, wurde das Licht fahler. Um ihn herum Schnee. Ohne es zu wissen hatte er das Ende erreicht. Das Ende der Wand. Er hinterließ Spuren. Spuren, die leicht wieder zugeweht wurden.

»Es ist erst der halbe Berg«, hörte er eine Stimme von irgendwoher sagen. Vielleicht aus seinem Inneren. Stille! Um ihn herum war Stille. Irgendwie ein Frieden, der ihn aufforderte zu bleiben. Sich einfach in den weichen Pulverschnee fallen zu lassen und abzuwarten. Sich treiben zu lassen. »Lauf geradeaus und flieg hinab«, tönte es aus ihm heraus. Pjier zwang sich die Stirnlampe aufzusetzen. Sein Verstand sprach wie eine zweite Stimme, die erste Stimme verdrängend. »Nur weiter, absteigen, nicht stehen bleiben.« Ihm schien, als würden ihm Leute folgen. Als führte er ein Gruppe an. Er gab irgendwelche unverständlichen Seilkommandos. Dann blickte er sich um. Im fahlen Licht des ausgehenden Tages sah er Schatten. Als ob jemand in einem dunkelroten Mönchsgewand dort gestanden hätte.

Der Wind wirbelte Schnee auf, formte Figuren, die dann wieder zusammenfielen. Nichts, nur ein Spiel des Windes auf diesem Gipfel. Doch dort? Pjier setzte die Schneebrille ab. War dort nicht jemand? Eine graue Gestalt mit einem zerzausten Bart und einem roten Punkt auf der Stirn? Pjiers Augen schmerzten in der Kälte. Er setzte die Brille wieder auf. Reinigte die Gläser von dem Eisbeschlag. Die Gestalt war immer noch dort. Nur hatte sie jetzt einen Fotoapparat in der Hand. »Sven!« Pjiers Schrei verhallte ungehört, gedämpft vom Schnee. Er war niedergesunken, getroffen von dem hellen Schein des Blitzlichtes. Nicht lange danach kam Pjier wieder zu Bewusstsein. Die Schneebrille lag neben ihm. In der Hand hatte er noch ein Eisgerät, das andere war verloren. Er lag auf dem Rücken auf seinem Rucksack. Die Personen waren verschwunden. Pjier schaltete sein Licht wieder ein. Er musste absteigen, schnell einen Platz für sein Notzelt finden, sonst war er verloren. Es würde der härteste Abstieg seines Lebens werden.

Nur noch einmal blickte er nach oben auf den Gipfel. Es war, als ob noch einmal ein Mann wie aus Schnee geformt erschien. Er rief ihm etwas zu. Obwohl der Wind die Worte verschluckte, wusste er, dass es die Worte des Sadhu waren.

Zweite Erfüllung

Es war ein neuer Bettler aufgetaucht in Kantipath. Tagelang hatte er versucht, in das Englische Konsulat zu kommen. Dafür gab es immer wieder Stockhiebe des Wachpersonals. Bald darauf hatte er den Spitznahmen »der verrückte Bettler« bekommen. Hatte er doch in tadellosem Englisch behauptet, er habe vor einem halben Jahr den Mount Fish Tail bestiegen.

Jedoch nahm ihm das kein Mensch ab. Nicht nur, dass er furchtbar zerlumpt und heruntergekommen aussah. Nicht nur, dass sein Haar verfilzt und verdreckt war. Nein, es war seine Haut. Es waren seine Augen. Er hatte die Haut eines Einheimischen, er hatte die Augen eines Einheimischen. Sie waren braun! Nichts hatte er, was ihn ausweisen konnte. Weder Papiere noch Unterlagen.

Zu guter Letzt hatten ihn die Wachposten des Konsulats gepackt und auf die Straße geworfen, wo er zwischen Staub und Abfall landete.

Und so kam es, dass der Bettler hinter den Touristen herlief und für ein paar lumpige Rupien seine unglaubwürdige Geschichte erzählte.

Sormila

Wieder hier! Die Fahrt! Die Fahrt durch die engen Gassen. Der Wagen hatte keinen heilen Stoßdämpfer mehr. Bei jedem Schlagloch wurde man durchgeschüttelt. Aus dem Kassettenteil tönte leiernde Flötenmusik. Dazu der eintönige Rhythmus einer Trommel. Einer Madal, wie die Nepali sagen. Der Wagen schaukelte durch die engen Gassen vom Flughafen aus in andere Stadtteile. Ich hatte dem Fahrer den Namen des Hotels gesagt. Einer kleinen Absteige am Rande Thamels. Wie selbstverständlich machte der Fahrer auch Umwege. Alles schien mir so vertraut. Als ob ich gestern das letzte Mal hier gewesen sei. Dabei war soviel Zeit verstrichen. Waren es sechs Jahre oder doch sieben? Ich wusste es nicht mehr genau. Mir schien es, als sei die Zeit, das Geschehen dazwischen, wie weggewischt. Alles Erlebte nur geträumt. Die Realität war jetzt, hier an diesem Ort. Mit mir in diesem Taxi, auf dieser Fahrt durch diese Stadt. Einer anderen Welt und doch so vertraut. Der Regen, der auf die Scheiben des Taxis prasselte; der surrende Scheibenwischer, der sich ruckartig über die Scheibe bewegte und lange braune Streifen hinter sich herzog.

Die bunten Menschen, die mit ihren schwarzen Schirmen am Straßenrand standen. Die Händler, die über ihre Tische und Körbe Plastikplanen ausbreiteten. Die Tempel an jeder Ecke mit ihren Götterstatuen. Alte verwitterte Gesichter aus Stein, auf denen roter Puder glänzte.

Und dann plötzlich war der Schauer vorbei. Die Sonne stach durch die weißen Wolken hindurch auf die Stadt herab. Die Gegenstände zeichneten sich hart und kontrastreich ab. Hell und Dunkel so nah beieinander. Die Pfützen spiegelten fast blendend die Sonnenstrahlen wider. So blendend, dass die Augen schmerzten, wenn man hineinsah.

Und dann befand sich das Taxi auf seiner Fahrt in einer dunklen Gasse. Nur um am anderen Ende wieder in das gleißende Licht zu kommen. Ich musste erneut die Augen schließen. Auf der ganzen Fahrt hörte man die eintönige Musik aus dem alten Kassettenradio.

Irgendwie genoss ich die Fahrt, obwohl ich wusste, dass der Umweg nur gemacht wurde, um mehr Geld abzurechnen.

Warum war ich nach all den Jahren wieder hier? Um meinen Freund zu treffen, der hier lebte? Um seine Geschichte zu hören? Mir war es fast, als finge auch meine Geschichte hier an und als würde sie hier enden. Es machte einen Ruck und das Taxi hielt an. Ich war angekommen. Dort angekommen, von wo ich einmal aufgebrochen war. In das neue Leben, oder war es damals mein altes Leben, in das ich kurzzeitig zurückkehrte, um eine Pause zu machen?

Der Fahrer verlangte sein Geld, die Koffer wurden ausgeladen. Ich stand wieder vor dem kleinen Hotel in Thamel.

»Jetzt bist du wieder da, kommt mir fast vor wie gestern.«

»Ja, sieben Jahre ist es her, dass wir uns zuletzt gesehen haben, und wir treffen uns wieder in diesem Restaurant, hier in Kathmandu. Ja, die Zeit, sie vergeht schnell, sehr schnell!«

»Ich merk nicht, wie sie vergeht! Weißt du warum? Ich will dir mal sagen warum! Weil ich eine Aufgabe hier habe. Eine Aufgabe, die mich ausfüllt. Wenn du eine Aufgabe hast, dann hast du keine Zeit mehr über die Zeit nachzudenken.«

»Ich sehe, du bist in deiner Sache aufgegangen. Wäre ich damals hier in meiner Sache aufgegangen. Jetzt fällt es schwer!«

»Deine Frau ist daheim! Oder ist sie nicht mehr deine Frau?«

»Sie hat mich verlassen! Immer derselbe Grund! Die andere Frau! Ich konnte es ihr nicht mehr verheimlichen! «

»Und die suchst du jetzt?«

»Kathmandu ist nicht der Platz für gebrochene Herzen!«

»Ich werde es dir morgen zeigen, ich zeige dir die Straße!«

»Mein Freund, du brauchst eine Aufgabe!«

Ich habe meinen Freund gestern wieder getroffen. In einem kleinen Restaurant. Wir saßen unter einem Schirm und schlürften unseren Tee. Es regnete. Um uns herum klatschte der Regen auf den Weg, den Rasen, den Schirm. Wir saßen uns gegenüber in Rattanstühlen, dazwischen ein kleiner wackliger Metalltisch.

Der Kellner hatte sich untergestellt und sah herüber, in der Hoffnung, dass wir nichts mehr brauchten. Dazwischen der Regen, wie eine Mauer. Ich kam mir vor, als ob ich auf einer Insel sei, in all diesem platschenden Wasser um uns. Nachdem wir eine Weile über Belangloses gesprochen hatten, erzählten wir von früher. Gedanken an früher sind in diesen Tagen und Stunden häufig. Gedanken, die ich schon in einen tiefen Winkel meines Hirns verbannt hatte.

Damals, nachdem ich zuletzt in Nepal war, hatte ich eine Entscheidung getroffen. Hatte mir vorgenommen, das Land nie mehr zu besuchen. Mein Freund hatte auch eine Entscheidung getroffen. Er war hier geblieben, hatte eine Aufgabe angenommen. Die Entscheidung war mir damals schwer gefallen. Mein Herz hing nicht nur an dem Land. Aber in dem anderen Land wartete meine Verlobte. Die Entscheidung! In dem einen Land das Herz, in dem anderen die Pflicht. Nun war alles wie weggewischt, als ob jemand mit einem Schwamm die Tafel löscht. Ich war wieder zurück, wo ich mein Herz gelassen hatte.

»So, das ist die Straße!«

»Das ist nicht die Straße! Das ist Swayambunath, der Affentempel!«

»Genau, Swayambu! Swayambu, das ist für uns hier die Straße. Hier holen wir sie, die Kinder!«

»Die jetzt wo sind?«

»Warte ab, die kommen schon! Manchmal in Scharen. Dich kennen Sie nicht! Du bist, wie sagt man das, sozusagen mein Köder! Der Tourist!«

»Die Touristen als Köder, das wird ja immer schöner! Und was machst du, wenn deine ›Scharen‹ kommen?«

»Dann wird sortiert!«

»Was sortiert? Das wird ja immer schöner, wir sind doch nicht im Krieg!«

»Tja, das könnte man so auffassen! Armut ist wie Krieg! Du findest einen Armen, nur um festzustellen, es gibt noch einen Ärmeren! Wem würdest du helfen? Die Sozialstation hat nur begrenzte Kapazitäten. Also sortieren, wie bei den Verletzten: Wer kann sich noch selber helfen, wer schafft es nicht alleine und wem ist nicht mehr zu helfen!«

»Du kannst doch nicht Kinder mit den Verletzten einer Katastrophe vergleichen!«

»Es bleibt nicht viel Wahl. Die Eltern schicken oft ihre Kinder hierhin. Betteln ist ein Job. Hier gibt's immer Touristen. Und wer sind die richtigen Straßenkinder? Ohne Eltern? Schwer nicht?! Du siehst, bleibt nur noch – sortieren. Wir müssen es herausfinden!«

»Schau, da vorn, da kommen schon welche!«

Heute Nachmittag dann die Sozialstation. Man fährt auf dem großen Ring, der um Kathmandu führt, am Swayambunath, dem Affentempel vorbei. Mir fielen die vielen Gerüste auf am Ende der Tempelanlage. Hier bauen sie eine neue Buddhastatue. Eine neue Attraktion. Gestern war ich mit meinem Freund hier. Wir suchten Straßenkinder.

»Wie heißt du?«

»Onkel, eine Rupie bitte!«

»Bist du allein? Hast du Eltern?«

»Gib mir die Rupie!«

»Nein, ich will die Rupie!«

»Nein, ich, mein kleiner Bruder hat Hunger!«

»Und ich hab keine Mama, keinen Papa! Gib mir die Rupie!«

»Halt, halt, hört auf euch zu schubsen, wartet, für dich hab ich eine und hier ist noch eine, das war's, geht!«

»Was ist? Warum weinst du?«

»Onkel, ich war zuerst da, die Rupie!«

»Erst sagt du mir deinen Namen!«

»Sormila ist mein Name!«
»Hier hast du zehn, he, lauf nicht davon!«

Das Taxi bog von der breiten Straße, die um Kathmandu führt, nach rechts ab. Der Weg war holprig und schlecht. Anfangs standen die Häuser noch eng beieinander. Unten die kleinen Läden, darüber teilweise noch Rohbauten.

Der Weg führte vorbei an der Schule, die vom SOS-Kinderdorf finanziert wurde. Die glücklichen Kinder, die einen Sponsor im Westen hatten. Eine Patenschaft. Viel zu wenige! Als das Taxi an der Schule, diesem großen roten Backsteinbau, vorbeirumpelte, stiegen mir fast die Tränen ins Gesicht. Ich musste an das Foto denken. Das Foto – es waren eigentlich zwei. Von ihr und dem Kind! Abgegriffen! Und in einem noch abgegriffeneren Brief hatten sie gelegen. Einem Brief ohne Absender! Wie schon die Briefe zuvor. Vor zwei Jahren war der Brief angekommen. Diesmal in schlechtem Englisch geschrieben. Jemand hatte übersetzt. Das Taxi rumpelte weiter durch die Straßen. Die Häuser wurden langsam spärlicher. Dazwischen das Grün, der Reis und Maisfelder. Dann ein kleiner Bau. Davor stand auf einem Schild »Social Health Station supported by Christ World Community«. Das Schild machte einen verwitterten Eindruck. Wir waren da und der Fahrer sagte: »350 Rupien!«

»Onkel, hast du zehn Rupie?«
»Die gab es gestern!«
»Zehn Rupie!«
»Du bist doch die kleine Sormila!«
»Zehn Rupie, gib!«
»Wo ist denn deine Mama, dein Papa?«
»Ich hab keinen Papa!«
»Und eine jüngere Schwester, einen älteren Bruder?«
»Nein, hab ich nicht, zehn Rupie, ich hab Hunger!«
»Ich kaufe dir was zu essen!«
»Einen Kaugummi gib!«

Die Sozialstation hatte zwei Stockwerke. Die Streetworker kümmern sich nicht nur um die Waisen. Sie versuchen auch herauszufinden, wer die Kinder auf die Straße geschickt hat. Gibt es Angehörige? Sind es Kinder vom Dorf? Manchmal schicken die Eltern die Kinder nach Kathmandu zum Geldverdienen. Die Kinder haben nicht mal genug Geld für ein Busticket zurück nach Hause.

Dann gibt es noch Drogensüchtige und Alkoholiker. Die meisten sind unter 18 Jahren. Jeder hat hier seine eigene Geschichte. In der Station werden Gruppentherapien durchgeführt. Man versucht, den Jugendlichen einen festen Tagesablauf vorzugeben. Im oberen Stockwerk gibt es einen Raum. Darin liegen Matratzen, sonst ist nichts weiter in dem Raum. Auf den Matratzen können sich die Süchtigen hinlegen, während die Akupunkturnadeln gesetzt werden. Gegen die Sucht.

Immer wieder muss ich an das kleine Mädchen denken. Vom Swayambunath-Tempel. Es ist immer an der gleichen Stelle. Seit Tagen ist es dort. Ungewaschen mit zerzausten langen Haaren. Barfuß! Die Kleidung ist dreckig und voller Löcher. Zuerst hab ich ein paar Kaugummis gekauft. Dann ein neues Kleidchen. Gestern hatte sie wieder die alten Sachen an. Ich denke an das Foto. Das Mädchen von Swayambunath sieht aus wie das Kind auf dem Bild. Vielleicht ein oder zwei Jahre älter. Dann wäre sie jetzt sieben und müsste bei uns zur Schule gehen. Das Mädchen von Swayambunath heißt Sormila.

»Sormila, wie alt bist du?«

»Ich weiß nicht, Mama sagt, ich bin sieben!«

»Wo ist deine Mama?«

»In einem Haus! Das Haus ist in Kathmandu!«

»Kannst du mir das Haus zeigen?«

»Onkel, kaufst du mir eine Schokolade?«

Chhauni ist ein Stadtteil in der Nähe des Affentempels. Hier steht Sormilas Haus, wie sie sagt. Aber sie bewohnt eigentlich kein Haus, sondern nur ein Zimmer. Man muss durch einen

Hinterhof gehen. Das Gebäude selbst ist ein paar Stockwerke hoch. Ich konnte mich nicht des Eindruckes erwehren, dass es schief war. Vor dem Hof, auf einem schmutzigen Betonboden, stapelte einen Frau ihr Geschirr und wusch es unter einem Wasserhahn ab. Das schmutzige Wasser verteilte sich auf dem grauen Boden. Sormila nahm mich an die Hand und zerrte mich in das Gebäude.

Mein Herz schlug höher. Ob ihre Mutter dort wäre? In mir war eine Vermutung aufgekommen, obwohl ich es nicht glauben konnte. Das Foto, der Brief. Beides lag im Hotelzimmer auf dem Bett. Immer wieder hatte ich es die letzten Tage in die Hände genommen. Diese Ähnlichkeit des Mädchens auf dem Foto mit Sormila. Und das, obwohl der Brief schon zwei Jahre alt war. Schmerzlich wurde mir bewusst, dass die Jahre nicht zu verdrängen waren. Ich hatte sie all die Jahre nicht gesehen. Die eigene Tochter und ihre Mutter.

Als ich das Gebäude betrat, war mein Hals wie ausgetrocknet, ich musste schlucken, bekam einen Hustenanfall. Im Gang war es dunkel. Er war nicht gestrichen, roh verputzt. Sormila führte mich ins Zimmer. Vor dem Raum hing ein Tuch. Drinnen ein kleiner Raum. Er wurde fast ausgefüllt von einem Bett. Darüber eine Wäscheleine mit Kleidung. Auf dem kalten Boden stand ein Kocher. Daneben ein Eimer Wasser und Plastikgeschirr. Durch das schmutzige Fenster schien die Sonne. Die wenigen Gegenstände des Zimmers zeichneten sich scharf ab. Wir waren allein. Sormila fragte, ob ich Tee wolle.

»Weißt du, was eine Schule ist, Sormila?«

»Da geht man hin und lernt lesen und schreiben.«

»Und hast du Lust lesen zu lernen?«

»Mama sagt, wir haben kein Geld für die Schule!«

»Du kannst dort lernen, wie du deinen Namen schreibst.«

»Wenn ich den ganzen Tag in der Schule bin, krieg ich kein Geld von den Touristen.«

»Ich muss deine Mama sprechen, Sormila, wann kommt deine Mama nach Hause?«

»Ganz spät, wenn es schon dunkel ist.«

»Was macht die Mama solange?«

»Die geht Arbeiten, trägt Sachen für den Basar, manchmal verkauft sie die Dinge, die ihr Touristen geschenkt haben.«

»So wie dein neues Kleid?«

»Dafür hat Mama 100 Rupie bekommen!«

»Sormila, ich will, dass du zur Schule gehst und was lernst, du kannst doch nicht immer die Leute nach Geld fragen!«

»Ich glaub, Mama will das nicht, Mama sagt, dass die Touristen ganz reich sind. Alle Kinder fragen nach Geld!«

»Morgen Abend spreche ich mit deiner Mama!«

Die Enttäuschung muss mir im Gesicht gestanden haben. Die ganzen Tage klammerte ich mich an etwas, das es nicht gab. Irgendwo im letzten Winkel des Verstandes war mir im Voraus klar, dass ich die beiden nicht wiederfinden konnte. Die Stadt, das Land, die Welt waren einfach zu groß! Damals hätte man Farbe bekennen müssen. Dabei hatte ich jetzt für einen Moment gehofft …

In der Dämmerung ging ich wieder zu Sormilas Haus. Ich hatte Sormila nach dem Namen ihrer Mutter gefragt. Das gab mir zuerst die Gewissheit. Obwohl Maya ein gängiger Name ist. Ich stand wieder vor dem Haus im Hinterhof. Dort stand eine Frau, angelehnt im Türrahmen. Sie hatte eine braune Kurtta an. Der Schal war wie eine Schärpe um das Kleidungsstück geschwungen, die langen schwarzen Haare zu zwei Zöpfen geflochten. Das Gesicht! Als ich es sah, wusste ich es. Es war nicht die Frau, die ich suchte, die ich vor sieben Jahren verließ. Es war irgendeine Frau mit irgendeinem Mädchen. Eines von tausend Schicksalen in dieser Stadt. Die Frau hob beide Hände und legte die Handinnenflächen zum Gruß zusammen. Dabei beugte sie den Kopf leicht vor. Was sollte ich jetzt machen? Mir kam die Frage meines Freundes in den Sinn als wir das erste Mal vor dem Affentempel standen. »Sag mir, wem würdest du helfen? Du findest einen Armen, um dann feststellen zu müssen, dass es einen noch Ärmeren gibt!« Sormilas Mutter bot mir Tee an. Ich sagte in meinem schlechten Nepali, dass es für das Kind wichtig sei, die Schule zu besuchen. Die Mutter nickte nur. Zum Schluss überreichte ich ihr einen Umschlag mit fünftausend Rupien. Ob das Geld eine Hilfe ist, wenn sich doch nichts ändern würde?

Auf dem Rückweg schlenderte ich nach Swayambunath. Ich sah einen alten Mann, der einen toten Hund an einem Seil hinter sich her zog. Ich fragte mich, wer von den beiden wohl besser dran war.

»Warum bist du wieder hier am Tempel? Du sollst in eine Schule gehen!«

»Ich mag nicht, Onkel!«

»Du kommst mit, wir suchen für dich eine schöne Schule!«

»Gib mir hundert Rupie, Onkel!«

»Sormila, es reicht, jetzt gibt's nichts mehr. Ich hab deiner Mutter genug Geld gegeben!«

»Und einen Kaugummi?«

»Es gibt gar nichts mehr! Komm wir gehen jetzt zu deiner Mama nach Hause und morgen kommst du in die Schule!«

»Was ist, redest du nicht mehr? He, wo willst du hin, warte, lauf nicht davon!«

Und wieder ging ich die Stufen hinauf. Die steilen Stufen zum Affentempel. Die Sonne schimmerte durch das Blätterdach auf die noch feuchten Stufen. In den Bäumen, die um die Anlage herum standen, kreischten und hangelten sich die Affen von Ast zu Ast. Swayambunath – der Affentempel! Langsam stieg ich die Stufen hinauf, ignorierte die Händler, die links und rechts ihre Stände aufgebaut hatten. Irgendwie ziellos ging ich hinauf. Schlenderte oben um die Stupa herum. Beobachtete die Gläubigen, welche die Gebetsmühlen drehten bei der Umrundung der Stupa. Sah die Mönche, die mit Händlern in Gespräche vertieft waren und dabei gleichgültig ihre Gebetsperlen, Kugel für Kugel, in den Händen bewegten. Das Ganze schien mir unwirklich. So unwirklich wie die weißen Wolkenberge, die sich vor die Sonne schoben, nur um diese im nächsten Augenblick wieder freizugeben. Ich blickte auf Kathmandu. Von hier oben sah das Häusermeer so klein aus. Da hinten ragte Sundara auf. Wie ein Zeigefinger hob sich der weiße Turm aus dem Häusermeer hervor. Weiter weg der Flughafen. Und irgendwo, nicht weit vom Tempel, das Haus. Das Haus, in dem Sormila und ihre Mutter wohnten. Jetzt war ich schon einige Tage zum Tempel gekommen. Hatte die riesige Anlage umrundet, fast den ganzen Tag, immer im gleichen Restaurant gegessen, den Affen zugeschaut, die kreischend im Strohdach des Restaurants turnten. Hatte zwei, drei Milchtees getrunken. Gedankenverloren in das Nichts geschaut. Aber sie war nicht zu sehen. Sormila war nicht mehr gekommen. Sormila und ihre Mutter. Für den Bruchteil einer Zeit hatte ich gedacht, ich hätte das gefunden, was ich vor vielen Jahren verloren hatte. Oder besser gesagt, vergessen hatte. Wie hatte ich mich doch von diesem Gedanken gefangen nehmen lassen. Aber es war wie ein Tropfen auf dem heißen Stein. Ich wollte den Gedanken nicht mehr weiterdenken.

Die Statue! Heute war mir diese gelbe Buddhastatue aufgefallen. Der Finger schaute nach außen, als ob er mir etwas zeigen wollte. Die Statue war noch feucht vom letzen Regenschauer. Die gelbe Farbe etwas schwarz vom Moos. Der Finger! Ich blickte auf ihn. Dort sammelte sich die Feuchtigkeit zu einem Tropfen. Ein Tropfen, der langsam größer und schwer wurde und dann herabfiel in eine Pfütze am Fuße der Statue. Ein Spatz kam und trank aus der Pfütze, die gespeist wurde von vielen Tropfen. Irgendwie schien es, als lächelte der Stein.

Ich fasste einen Entschluss. War es wichtig noch weiter zu suchen? Vielleicht ein Leben lang einem Phantom nachzujagen? Hatte ich doch schon eine Tochter und eine Mutter gefunden. Warum jetzt aufgeben? Besteht ein Stausee nicht aus vielen Tropfen? Verändert ging ich die Stufen vom Tempel hinab. Ging an der Tempelmauer entlang. Da zupfte mich eine kleine Hand am Ärmel und eine vertraute Kinderstimme fragte: »Onkel, hast du eine Rupie?«

Janakpur

Der Fotoband war seiner Meinung nach komplett. Viel Zeit hatte er in diese Arbeit investiert. Alle bekannten Treckingrouten selber begangen. Informationen gesammelt über die Städte Pokahra und Kathmandu. Sogar die aktuelle politische Lage hatte er mit einbezogen. Natürlich auch Citwan. Tiger, Nashörner, Krokodile. Elefanten im Dschungel. So was kam in einem Bildband gut an. Das wollten die Leser sehen.

Aber jetzt schickte ihn die Agentur wieder in das Terai. In die Hitze. Wegen dieses Tempels. Seiner Meinung nach passte dieser bunte indische Tempel nicht in den Bildband neben die Fotos von Eisriesen und Gletschern. Also noch einmal in das Terai, weil es die Agentur so wollte. Zum Glück war die Regenzeit vorbei. Das hätte noch gefehlt. Er kannte das ganze Theater. Einen solchen Auftrag in der Regenzeit. Das war dann die Hölle! Niemand konnte sagen, ob die Straße wegen Erdrutschen gesperrt war. Oftmals saß man plötzlich für ein bis zwei Tage in irgendeinem bedeutungslosen Nest fest. Oder man musste durchnässt von einem zum nächsten Bus stundenlang im Regen laufen. Zudem war es gefährlich, wegen der Erdrutsche, und die Flüge in dieser Zeit waren auch noch hoffnungslos überbucht. Nein, wenn man schon von Kathmandu in das Terai fahren musste, dann besser in der Zeit zwischen November und Februar. Lieber ein bisschen Staub schlucken. Das war leicht gesagt.

Der Bus schaukelte die Straße entlang. Im Bus war es eng. Dazu die plärrende Hindimusik, manchmal so laut, dass einem die Ohren schmerzten. Er war froh, als endlich die Kassette aussetzte. Der Gang war vollgestopft mit Gegenständen: Rucksäcke, Körbe, Matten, dazwischen sogar zwei Hühner. In dem Durcheinander saßen zusätzlich die, die keine Platzkarte bekommen hatten, auf kleinen Hockern. Er klopfte auf den Vordersitz. Ein kleine Staubwolke kam aus dem Stoff. Die meisten im Bus waren Nepali. Einige wenige Inder. Er war der einzige Weiße. Er betrachtete die Frau neben ihm. Sie war klein und zierlich. Sie trug einen rosafarbenen Sari. Ihre hellbraunen Füße steckten in goldenen Sandalen. Die Zehennägel waren dezent, aber passend lackiert. Eine der Zehen schmückte ein silberner Ring. Trotz des Staubes meinte er einen leichten Jasminduft wahrzunehmen. Um nicht den Staub einatmen zu müssen, hatte sie den Mund mit einem Teil des Sari verhüllt. Im nächsten Augenblick fuhr der Bus durch ein riesiges Schlagloch. Dabei neigte sich das Fahrzeug so zur Seite, dass seine große Fototasche, die er immer auf dem Schoß hatte, der Frau einen unsanften Stoß versetzte. Sie drehte sich zur Seite und in diesem Moment fiel ihr Sari, mit dem sie sich bedeckte, herab.

Ihm fiel sofort auf, was für eine schöne Frau sie war. Ihre Gesichtszüge edel. Ihre großen dunklen, mandelförmigen Augen blickten in die seinen. Doch nur für einen Augenblick, wie gehaucht. Dann sah sie zu Boden. Er entschuldigte sich und fragte, ob die Tasche sie störe. Das tat er in Englisch, obwohl er einige Wörter auf Nepali konnte. Zu seiner Verwunderung antwortete die Frau in tadellosem Englisch.

Ihre Stimme hatte einen ruhigen sanften Ton, als sie sagte, er könne die Tasche auf dem Schoß behalten. Normalerweise pflegte er nicht mit einheimischen Frauen Gespräche zu führen. Aber irgendetwas faszinierte ihn, vielleicht waren es ihre Augen, vielleicht der Ton ihrer Stimme. Er fragte, ob sie auch nach Janakpur reise. Sie bejahte dies. Er wollte den Gesprächsfaden nicht abreißen lassen. Er sagte, seine Arbeit schicke ihn nach Janakpur. Eigentlich sei ihm das Terai zu heiß und anstrengend, aber er müsste Fotos machen von diesem Tempel. Was sie über den Tempel wisse?

»Der Janaki Tempel!«, erwiderte sie leise. »Dort haben Ram und Sita geheiratet. Der Tempel ist eine Erinnerung an Ram und Sita.« Sie sah ihn an. Er war groß gewachsen, hatte dunkelblonde Haare und trug einen Schnurrbart. Seine Nase war fein geschnitten und gerade. Wie die Nase eines Mannes, der der Bound Kaste angehörte. Die langen Finger waren sehr gepflegt und die Nägel schön und eben geschnitten. Er trug keinen Ring. Was ihr aber besonders auffiel, war sein Lächeln. Er konnte unheimlich freundlich lächeln.

»Was hat es mit dem Tempel auf sich?«, knüpfte er an das Gespräch wieder an. »Wer sind Ram und Sita? Sind es Götter der Hindu?«

»Der Tempel ist von Bedeutung«, erwiderte sie. »Hier wurde die Göttin Sita geboren und an diesem Platz heiratete sie. Vor langer Zeit lebte der König Janak an diesem Ort. Es war ein weiser König. Sein Volk liebte ihn. Einmal half König Janak seinem Volk auf dem Feld. Als er flügte, erschien in einer Ackerfurche die Göttin Sita, geboren von ihrer Mutter, der Erde. König Janak nahm Sita zu sich und zog sie auf, als ob sie seine eigene Tochter wäre. Bald war sie das schönste und klügste Mädchen im ganzen Land. Es kam die Zeit, da Sita heiraten sollte. Viele Prinzen kamen und wollten um ihre Hand anhalten. Doch König Janak hatte eine Bedingung gestellt. Nur derjenige sollte Sita zum Weibe bekommen, der den Bogen Shivas spannen konnte. Viele kamen. Doch niemand konnte Shivas Bogen spannen, bis auf Ram. Er spannte den Bogen nicht nur, sondern zerbrach ihn in drei Teile. Die stattliche Gestalt des Ram gefiel Sita so gut, dass sie sich unsterblich in ihn verliebte.«

»Und damit ist die Geschichte zu Ende?«, meinte er.

»Nein, sie geht noch weiter. Nach der Hochzeit hatten Sita und Ram viele Prüfungen und Gefahren zu bestehen, aber Sita blieb Ram immer treu!« Der Bus rumpelte erneut durch ein Schlagloch und die Hindimusik setzte wieder ein. Das Gespräch der beiden riss ab. Er dachte über die Geschichte nach. Über das, woran dieser Tempel erinnerte. Ram und Sita! Sita die treue Ehefrau. Der Bus wackelte Janakpur entgegen. Es war heiß in diesem Bus. Neben ihm diese schöne Frau und doch so fern. Es tönte jetzt Tablamusik von der Kassette. Die Schläge auf der Trommel klangen hart und trocken. Dazu die Stimme eines Jogi, die eintönig vor sich hin sinnierte. Im Hintergrund die Begleitung auf der Sitar. Irgendwie musste er vor sich hin gedöst haben, bei dem Hin- und Herschaukeln des Busses und der eintönigen Musik. Plötzlich befand er sich in einem wunderbaren Palast. Aus strahlendem, weißen Marmor. Er trug ein Festtagsgewand aus reiner weißer Seide mit goldenen und silbernen Pailetten belegt. Um den Hals hatte er eine schwere goldene Kette, besetzt mit kostbaren Steinen. Eine Schärpe aus Purpur spannte sich quer über sein Gewand. Auf dem Kopf trug er ein Krone, von der lange Pfauenfedern hinabhingen. An seiner Seite war eine Frau. Im feuerroten Sari. In den Stoff waren goldene Muster und Fäden eingewebt. Es war ein Hochzeitssari! Die Frau war halb verschleiert. Von ihrem Nasenring spannte sich eine lange goldene Kette bis zum Ohr. Sie trug ein Kollier aus feinen golden Blättern, die sich in der Mitte um eine Lotusblüte herum befanden und von vielen kleinen Ketten zusammengehalten wurden. Er und seine Frau schritten durch den weißen Palast, beleuchtet von tausenden Kerzen. Sie kamen in den Saal, in dem die Feierlichkeiten abgehalten wurden. Voran gingen die Priester, die im monotonen Singsang die Texte lasen. Sie nahmen beide auf einem Thron Platz. Links und rechts Heilige und Weise. Vor ihnen das Feuer, das sie siebenmal umschreiten mussten. Die Frau neben ihm im Sari drehte sich zu ihm, lächelte und er erkannte, es war sie.

Er schreckte auf! Er befand sich nicht in einem Palast. Er war in einem staubigen, schaukelnden Bus auf dem Weg nach Janakpur. Immer noch tönte monoton die Tablamusik aus dem Lautsprecher. Die unbekannte Frau neben ihm war auch eingeschlafen. Ungewollt hatte sich ihr Kopf auf seine Schulter geneigt.

Sie hatten einen Tag in Janakpur verbracht. Zusammen! Er hatte sie gebeten, ihm den Tempel zu zeigen, ihn durch die Stadt zu führen.

Sie hatte zugestimmt. Sie zeigte ihm den Tempel. Ein faszinierendes Bauwerk mit seinen Türmchen, die wie kleine Minarette vom Hauptbau emporragten. Die Farben! Er war begeistert. Machte von ihr in einem Torbogen ein Foto. Eine Frau in einem rosafarbenen Sari, umspannt von einem

Torbogen eines indischen Tempels, der eigentlich in Nepal stand. Das Rosa des Saris hob sich kontrastreich vom dunklen Hintergrund ab. Da war etwas Geheimnisvolles, etwas Heiliges, das sich hinter dem Torbogen verbarg. Etwas, das nicht entweiht werden durfte. Gebannt auf ein Stück Zelluloid. Sie umrundeten den Tempel, wie es zahlreiche Gläubige auch taten. Sie betraten eine Stelle des Tempels, an der mehrere Figuren zu sehen waren. Zwei königlich gekleidete Statuen. Ein Mann und eine Frau in Festtagsgewändern. Die Statuen saßen auf einem Thron. Ram und Sita bei ihrer Hochzeit. Daneben links und rechts Heilige und Weise, angedeutet durch einen Heiligenschein hinter den Figuren. Einige Figuren hoben segnend die Hand. Vor dem Paar die rituelle Feuerstelle, die bei der Hochzeit umschritten werden musste. Sie erklärte ihm die Statuen und ihre Bedeutung. Es kam ihm vor, als ob er schon einmal an diesem Ort gewesen war. Irgendwie vertraut. Er war sich völlig sicher. Aber nicht alleine. Er wusste, dass sie ihn damals begleitet hatte.

Am Nachmittag spazierten sie noch durch zahllose Gassen von Janakpur. Als ob sie vergessen hatte, was der eigentliche Grund ihres Aufenthaltes hier war. Als ob die Zeit stehen geblieben wäre, sogar rückwärts laufen würde. Sie zeigte ihm einige der zahlreichen Tempel, gab ihm Erklärungen. Sie redete viel, was sie normalerweise nie tat. Sie war in der Begleitung eines Fremden, was eigentlich undenkbar war. Doch kam ihr dieser Mann so vertraut vor. Sein Lächeln so verständnisvoll. Seine Art so unaufdringlich. Wie ein großer beschützender Bruder, nein noch mehr. Auf einmal wurde ihr bewusst, dass sie sich verliebt hatte, ohne es zu wollen, ohne es zu dürfen.

Das Kollier! Sie trug es am Abend, als sie in das Hotel gingen. Eigentlich hätte sie das Geschenk niemals angenommen. Wie in einem Traum ein Bild auf ein anderes folgt, sich irrationale Situationen ergeben. Sie waren in einem der zahllosen Basare gewesen. Er hatte sich für die Arbeit der Goldschmiede interessiert, ein paar Fotos für den Bildband gemacht. So waren sie in einen kleinen Laden gekommen. Vielleicht fünf Quadratmeter groß. Vor dem Goldschmied, ein Mann mit einer großen braunen Hornbrille und einem schwarzen Topi, der Tresen mit den Auslagen. Darauf eine alte Waage. Erst wollte er sich nur einen Ring ansehen. Doch dann ergab es sich wie von selbst. Der Goldschmied zeigt bald Ringe für Frauen, dann Ohrringe. Diese waren kunstvoll verarbeitet mit kleinen feinen Ketten und Blüten aus getriebenem Gold. Dann zeigte der Schmied Halsketten und schließlich Kolliers. Sie probierte ein Kollier nach dem anderen an. Bewunderte sich in dem etwas matten Spiegel, der fast ein Viertel des Ladens ausfüllte. Auf eines der Kolliers wurde sie besonders aufmerksam. In der Mitte des Stückes war eine große Lotusblüte eingelassen, die wiederum von vielen kleinen feinen Goldblättern umgeben war. Das Ganze war von unzähligen feinen Ketten zusammengefasst und wirkte prachtvoll auf ihrer zarten braunen Haut, brachte ihren schlanken Hals noch mehr zu Geltung. Sie hätte nie gedacht, dass er das Kollier kaufen würde. Der Goldschmied wog das Schmuckstück ab. Legte kleine Gewichte auf die andere Waagschale, bis das Gleichgewicht erreicht war. 37 000 Rupien! Ein Jahreslohn für manche! Ihr Atem stockte, als er die Summe in Dollar auf den Tresen blätterte. Der Goldschmied wiegte den Kopf zufrieden hin und her.

Sie hatte das teure Geschenk angenommen und wusste, dass es fast einem unterschriebenen Vertrag glich.

Am Abend aßen sie zusammen. Er bestellte Gin Tonic. Zwei mal. Sie trank mit, obwohl Boundfrauen nie Alkohol tranken, selbst ein Mann der Boundkaste würde sich nie mit Alkohol verunreinigen. Ungezwungen erzählte sie ihm ihre Geschichte. Als ob sie einem engen Freund gegenüber säße. Einem sehr vertrauten! Sie war verheiratet und hatte zwei Kinder. Ihr Mann war von einer unteren Kaste. Deshalb hatten sie ihre Eltern verstoßen. Ihr Mann bekam selten Arbeit, fuhr gelegentlich in Kathmandu Taxi. Das Geld reichte kaum für die kleine Familie. Dann hatte ihr Mann angefangen zu trinken. Immer mehr. Sie wusste nicht mehr, wie sie die Kinder ernähren sollte. Eigentlich wollte sie nach dem High School Abschluss Englischlehrerin werden. Doch damit war es nun vorbei. Von ihrer Familie gab es keine Unterstützung mehr, keinen einzige Rupie, weil sie einen Mann einer unteren Kaste geheiratet hatte und keinen Bound. Ihr Mann trank immer mehr und dann passiert etwas, was sie sich nie vorstellen konnte. Er hatte sie geschlagen und aus dem Zimmer geworfen. Sie dachte an Ram, auch Ram hatte Sita, als sie schwanger war, auf Grund von falschen Anschuldigungen in einen Wald verbannt.

Sie hatte ihrem Mann eine letzte Chance gegeben. Er müsste aufhören zu trinken und sie wolle für ihn hier in Janakpur eine Arbeit suchen. In Janakpur, wo ihre Schwiegereltern lebten, sollte es einen neuen Anfang geben. Ihr Mann hatte bis jetzt Wort gehalten und so hatte sie sich aufgemacht. Sie glaubte an einen neuen Anfang.

Und nun hatte sie dem Fremden, der in ihr Leben getreten war, alles erzählt. Er fragte nach ihrem Namen. Sie hieß Sita, wie die Frau von Ram. Die sogar noch an Ram glaubte, als dieser sie verstieß.

Er hatte die ganze Erzählung ruhig angehört, am Ende der Geschichte seine Hand auf die ihre gelegt. Sie ließ ihn gewähren. Er sagte, sie könne mit ihm nach Kathmandu zurückgehen. Er würde am nächsten Tag früh am Morgen zwei Flüge buchen. Vielleicht würde sie ihn sogar noch weiter als Kathmandu begleiten, bot er an. Er würde ihr auch einen Anfang bieten, in einer anderen Welt. Ihren Kindern könnte er viel Geld schicken, so viel würde sie niemals verdienen können. Er schlug vor, die Kinder auf ein Internat in Kathmandu zu geben. Sie sollte ruhig darüber nachdenken. Sie hätten eine ganze Nacht Zeit dazu. Er begleite sie hinauf zu ihrem Zimmer. Er wusste, dass er nicht einfach mit auf das Zimmer kommen konnte. Sie müsste ihm ein Zeichen geben. Sie müsste in sein Zimmer folgen wollen. Ganz sanft, wie gehaucht, gab er ihr vor dem Zimmer einen Kuss auf die

Stirn. Das goldene Kollier um den Hals funkelte geheimnisvoll in dem schwachen Flurlicht.

Er ging auf sein Zimmer und wartete.

Er lag wach in seinem Bett. Lauschte auf das Flap, das Flap des Ventilators. Der Ventilator surrte nicht nur einfach vor sich hin, nein, es kam ihm vor, als würde er die Geräusche einer Großstadt erzeugen. Als würden in einem fort Motorräder angelassen, als führen knarrende Autos an ihm vorbei. Und doch war es nur das Surren der Ventilatorflügel, die ununterbrochen die Luft zerteilten. Der zerrissene Vorhang wehte im Strom des Ventilators, ließ ab und zu etwas Mondlicht in das Zimmer. Er musste an sie denken. Wie er sie im Tempel fotografiert hatte. Wie sie im Torbogen stand. Als wäre sie eine auferweckte Gottheit. Ihre zart braune Haut schimmerte unter dem rosafarbenen Sari hervor. Ob sie auch an ihn dachte? Als sich ihre Augen trafen verschmolzen ihre Seelen. Als ob er in ihren Geist eindringen konnte und sie in seinen, so kam es ihm vor. Er meinte immer noch ihren Jasminduft vernehmen zu können, den ein warmer Wind zu ihm hinüber wehte. Er wusste, sie war nicht fern. Nur zwei Zimmer entfernt auf dem gleichen Flur, hier in diesem Hotel in Janakpur. Ob sie auch wach war? Das Surren des Ventilators wurde langsamer, dann setzte das Flap, Flap seiner Flügel ganz aus. Stromausfall! Auf einmal konnte er die Geräusche der Nacht hören. Ein Zirpen und Summen. Ein auf- und abschwellendes Geräusch. Ein einsetzendes Trillern und langgezogenes Gezwitscher. Dazwischen einige Hunde, die den Mond anbellten. Die Luft stand im Zimmer. Er setzte sich auf die Bettkante und merkte, dass sein Rücken langsam nass wurde. In kleinen Strömen rann der Schweiß hinab. Da! Eine Tür knarrte. Ganz langsam hörte man das Quietschen der Tür, die sich öffnete. Er hörte Schritte, leichte Schritte. Jemand schlich barfuß den Flur hinab. Er stand auf, ging zur Tür seines Zimmers. Er überprüfte die Verriegelung und musste feststellen, dass er vergessen hatte abzusperren.

Die leichten kleinen Schritte kamen näher. Blieben vor

seiner Tür stehen. Er wusste, dass sie es war. Dass sie auf der anderen Seite stand. Er fasste die Klinke. Sein Herz schlug bis zum Hals. Er merkte, dass der Schweiß von seiner Stirn tropfte. Die Feder der Türklinke spannte leicht. Er merkte einen leichten Gegendruck von der anderen Seite. Jetzt wusste er, dass beide Hände an der Klinke ruhten. Seine und ihre Hand auf der anderen Seite. Es war ihm, als würde Strom durch die Klinke fließen. Er meinte ihr schnelles Atmen von der anderen Seite durch die Tür hindurch zu hören. Er wollte die Klinke ganz runter drücken, da ließ die Hand auf der anderen Seite los. Schnelle Schritte rannten wieder zum anderen Zimmer zurück. Die Tür des anderen Zimmers fiel laut ins Schloss.

Wieder Stille. Nur das Gesumme der Insekten der Nacht und das fahle Mondlicht, das im Zimmer seine Schatten warf. Als ob er alles nur geträumt hätte.

Er war froh, doch noch einen Platz in der kleinen Maschine bekommen zu haben. Endlich das Terai wieder verlassen. Raus aus der Hitze. Und doch fühlte er eine Leere. Leer wie der Platz neben ihm. Er wusste, dass er nicht nur die Hitze des Terai verlassen hatte. Er blickte durch das Fenster des kleinen Flugzeuges. Unter ihm die Landschaft, kleine Flüsse, die sich durch Wälder und Felder schlängelten. Reisterrassen, Stufe um Stufe in die Hügel gebaut. Es erinnerte ihn an die Höhenlinien einer topographischen Karte. Er musste an sie denken. Sita! Sie war nicht gekommen. Sie hatte noch vor Sonnenaufgang das Hotel verlassen. War untergetaucht, irgendwo in Janakpur. Es kam ihm vor wie eine endlose Tablamusik, die plötzlich abreißt, weil das Stück zu Ende ist. So saß er am Morgen an dem Frühstückstisch im Hotel, ließ sich bedienen. Der Kellner servierte wie selbstverständlich das Frühstück und dann die Rechnung für zwei Zimmer und noch etwas. Ein kleines weißes Kuvert. Er hob den Umschlag an, er war schwer. Er hatte den Umschlag eingesteckt, wohl wissend über den Inhalt. Ihn einfach nicht geöffnet. Hier im Flugzeug nahm er ihn dann doch zur Hand. Er riss vorsichtig den Umschlag auf. Neben dem Kollier befand sich ein Zettel darin. Auf ihm las er in kleiner Schrift: »Denke an Sita! Sie glaubte an Ram, sogar, als dieser sie in den Wald geschickt hatte. Sita war Rams Frau, auf ewig!«

Bahandur in der Stadt

Nun war er doch angekommen!

Eines Tages war Bahandur gegangen, als es noch Nacht war. Er blieb nicht mehr am Pipalbaum stehen, war einfach weitergegangen. Hatte dann zwei Tage später den Bus erreicht und vom Restgeld ein Ticket nach Kathmandu gelöst. Was sollte er jetzt noch in dem Dorf? Jetzt, wo alle Kinder in der großen Stadt waren. Reis für die Maobadi anbauen? Die kamen sowieso und nahmen sich das, was sie brauchten, ohne jemanden zu fragen. Sollten sie doch von den anderen Bauern etwas stehlen.

Bahandur war abends in der großen, schmutzigen und staubigen Stadt angekommen. Dort nahm er den Mikrobus nach Kulisor. Seine Schwester hatte in Kulisor ein Haus. Ein guter Platz für die Nacht. Es war schon dunkel geworden und der kleine Schaffner des Mikrobuses quetschte seine Fahrgäste ohne Rücksicht in das Fahrzeug. Dieses war ein ausgebauter alter Bullie, in dem man ein paar zusätzliche Bänke eingesetzt hatte. »Wir sind doch kein Vieh!«, rief jemand und ein anderer fluchte und meinte anschließend, dass die Jugend keinen Respekt mehr habe.

»Der ist doch aus Indien!«, hörte Bahandur den ersten sagen. Der Mikrobus fuhr nicht lange, da wurde er auch schon von einer Kontrolle aufgehalten. Polizei in blauen Uniformen. Die Gewehre lässig um die Schulter gehängt.

»Los, raus, raus mit euch! In einer Reihe aufstellen!« Während die Polizisten die Gepäckstücke der Fahrgäste durchsuchten, gingen zwei von ihnen in den Mikrobus und leuchteten mit Lampen unter die Sitze.

»Wohin Alter?«, wurde Bahandur beim Kontrollposten von zwei jungen Polizisten gefragt. Sie wollten seine Papiere sehen.

Bahandur holte das abgegriffene, schon etwas schmutzige Dokument aus seinem Rucksack. Ein altes schwarz-weiß Foto, daneben sein Daumenabdruck. Und natürlich viele wichtige Stempel. Bahandur zeigte die Karte den Beamten.

»Aus Sangutar!«, lachte der eine und bemerkte dann abschließend: »Ist das noch in Nepal?«

Die Kontrolle war zu Ende und der Mikrobus konnte endlich weiterfahren. Es sollten jedoch noch zwei weitere Kontrollen folgen, dieses Mal die Armee. Die Nacht war gefährlich, selbst in Kathmandu. Die Nacht! Sie gehörte den Maobadi.

Bahandur hatte nur zwei Tage bei seiner Schwester gewohnt, dann fuhr er mit ihr nach Indrazok, dort wohnten seine Kinder jetzt in einem kleinen Zimmer. Seine Schwester und er hatten ein Tempo genommen. Die Schwester zahlte, da Bahandur kaum noch Geld hatte. Sie war reich. Lebte von den Mieteinnahmen ihres Hauses. Sie hatte acht Zimmer vermietet. Für Bahandurs Kinder war keines mehr frei. Das Tempo quälte sich durch die Menschenmassen, vorbei am Indra Tempel. Hier war das Gewühl am dichtesten. Vergeblich versuchte der Polizist mit seiner Trillerpfeife Ordnung zu schaffen in das Chaos der Fahrradrikschas, Tempos, Träger und sonstigen Menschen. Diese strömten von allen Seiten rufend, schubsend, hupend und klingelnd auf den Platz. Von dem Platz gingen strahlenförmig kleine Gassen aus. Die Häuser in diesen Gassen standen so eng, dass man meinte, sie würden sich gegenseitig berühren. Unten im Parterre waren meist kleine Läden. Silberschmiede und Kleidungsgeschäfte. Das Tempo hielt vor einem Hinterhof. Hier wohnten die Kinder. Das Holztreppenhaus war eng. Man musste einige Stockwerke hinauf. Die Kabel hingen teilweise lose an der Decke und waren mit Draht an den Holzbalken befestigt. Vor einer Tür standen viele kleine Schuhe. Seine Schwester sagte, hier wohne nun die Familie und ging wieder. Bahandur klopfte. Von den vier Kindern war nur die ältere Tochter da. Er betrat den kleinen Raum. Selbst Bahandur konnte in dem Zimmer kaum stehen. Der Raum war zur Hälfte von einem Bett ausgefüllt. Auf dem Boden lagen Kleidungsstücke, Schulhefte sowie andere Bücher. An den Wänden hingen Poster. Eines zeigte eine schöne Landschaft mit Bergen. Ein anderes einen Mann mit Bart in weißer Kleidung, der einer andächtigen Menge von Menschen predigte.

Bahandur setzte sich auf den Holzboden. Seine Tochter fragte: »Möchten Sie Tee essen?« Bahandur nickte nur und schlürfte den gereichten Milchtee.

Bahandur beschloss, in Indrazok zu bleiben. Er dachte über seine Kinder nach. Er hatte sieben Kinder. Die älteste Tochter war lange verheiratet. Er hatte ihr damals den Mann ausgesucht. Jemand aus dem Dorf. Sein Sohn war in Pokhara, arbeitete dort in einem Hotel. Die drittälteste Tochter war im Ausland verheiratet. Sie schickte zu wenig Geld. Und der Rest der Familie lebte jetzt hier, in Indrazok, Kathmandu. Drei Töchter: einundzwanzig, sechzehn und vierzehn Jahre alt. Der jüngste Sohn war acht. Warum musste die eine Tochter nähen lernen und die anderen beiden zur Schule gehen? Bestimmt würde Bahandur bald jemanden finden, der die Töchter heiraten würde. Er verstand nicht, warum Frauen zur Schule gehen mussten. Lesen, das war doch nur was für die Priester. Bahandur sah auf den Hof. Er rauchte weniger, seit er das Dorf verlassen hatte. Die Zigaretten in der Stadt waren teuer. Er hatte keinen eigenen Tabak. Meist rauchte er eine Zigarette, wenn die Kinder zur Schule gegangen waren. Er sah dann aus dem Fenster, beobachtete die Frauen, die im Hof Geschirr und Wäsche wuschen. Dann trank er noch eine Tasse Milchtee. Wenn er mit Rauchen und Trinken fertig war, war es Zeit zu gehen. Bahandur ging dann in die Tempel. Meist zum Dubar Square, dieser Platz mit den vielen Tempeln war nicht weit entfernt.

Er hatte sich geärgert, als er nach Hause kam. Es gab schon wieder kein Fleisch. Seine Tochter, die für den Haushalt sorgte, wenn sie vom Nähen zurückkam, sagte, die Familie müsse sparen. Man könne nicht jeden Tag Ziegenbockfleisch essen. Bahandur fragte sich, warum die Tochter, die im Ausland lebte, nicht mehr Geld schickte. Schließlich war doch das Essen das Schönste am Tag. Es gab noch mehr, das Bahandur ärgerte. Seine Töchter, sogar sein Sohn, gingen nicht mehr mit in die

Tempel. Nicht einmal in ihrem Zimmer gab es eine kleine Statue. Statt dessen rannten seine Kinder in diese schmucklose Kirche. Eine Kirche ohne Götter, ohne Bilder, ohne Opfer. Der Gott war ein Buch. Ein Buch, das war nur was für Priester. Bahandur war keiner und konnte nicht lesen. Und in diesem Tempel, der keiner war, kamen alle Kasten zusammen. Man konnte sich nicht einmal auf einen Stuhl setzen. Vielleicht hatte dort schon ein Nerva oder sogar ein Damei gesessen. Bahandur wollte sich auf keinen Fall verunreinigen. Er mied diese Kirche wie eine ansteckende Krankheit.

Noch etwas war merkwürdig in der Stadt. Es war Bahandur schon beim Besuch der Schwester aufgefallen. Am Abend saßen die Menschen vor diesem Fernseher. Meistens sahen alle in dieses Ding und sprachen wenig miteinander. Nach einem harten Tag kam man im Dorf zusammen und redete miteinander. Wenn die Menschen in der Stadt keinen Fernseher hatten, besuchten sie Nachbarn, die ein Gerät besaßen. Oft verstand Bahandur nicht, was im Fernsehen gesagt wurde. Er fragte sich, warum im Fernsehen nicht immer Nepali gesprochen wurde. Obwohl Bahandur unter Menschen war, kam es ihm manchmal vor, als sei er alleine. Er überlegte, ob er noch einmal nach Indien gehen sollte. Aber als er das letzte Mal in Indien war, war er zwanzig Jahre jünger.

Es war noch jemand aus dem Dorf gekommen. Bahandurs Neffe. Er wohnte jetzt bei seiner Schwester. Der Neffe war krank. Irgendwie konnte er nicht mehr richtig gehen. Zog sein rechtes Bein nach, wie ein alter Mann. Bahandur hatte seinen Neffen besucht. Er lag jetzt im Bett und schaute ihn mit seinen großen braunen Augen an. Der Junge war im Gesicht ganz schmal geworden. Die Wangen waren eingefallen und die Backenknochen traten hervor. Bahandur schien es, als hätte die Haut an Farbe verloren. Sie sah ganz grau aus. Dem Jungen schien das Sprechen schwer zu fallen. Dabei war er noch keine achtzehn Jahre alt. Bahndur wusste, dass etwas geschehen musste. Er wusste, dass Menschen die so aussahen, nicht lange zu leben hatten.

Er kannte einen Mann, der ihm schon oft geholfen hatte, wenn er an Magenschmerzen litt. Bahandur machte sich auf den Weg, den Mann zu holen. Der Mann, der schon etwas gekrümmt ging, kam auch gleich mit. Er hatte eine dicke Hornbrille mit verkratzten Gläsern auf. Auf dem Kopf trug er ein rotes Topi. Bahandur betrat mit dem Mann zusammen das Zimmer des Kranken.

Der Mann sah jedoch nicht gleich nach dem Jungen, sondern blieb vor der Ganeschstatue stehen. Der Gott aus Gips befand sich in einer Zimmerecke auf einem kleinen Schrank. Davor einige Plastikblumen. Der Mann holte eine Räucherkerze aus seiner Tüte, steckte sie in Brand und stellte sie vor den Gott des Glücks. Dann kramte er einen kleinen, schwarzen Stein aus seiner Jacke, legte diesen neben den Gott und fing an etwas zu murmeln. Bahandur hatte inzwischen eine Tasse Milchtee geholt. Nun wandte sich der Mann dem Kranken zu. Er sah ihm in die Augen. Dann schlug er die Bettdecke zurück. Der Junge lag da mit freiem Oberkörper und man konnte sehen, wie abgemagert er war. Es schien, als seien die Rippen nur mit dünnem Transparentpapier bespannt. Der Mann roch nun an dem Kranken. Er beschnüffelte ihn vom Gesicht abwärts bis hin zum Bauchnabel. Dann fing er an, den Leib mit den Lippen zu berühren und am Bauch zu saugen. Dazu machte er glucksende Geräusche. Als er damit fertig war, hockte er sich neben das Bett und begann mit Beschwörungen. Unverständliche Worte, in denen immer wieder »Om« vorkam. Er stand wieder auf, griff in seine Tüte, nahm etwas Asche und streute sie auf den Kranken. Dann nahm er einen schmutzigen Becher und goss aus einer ebenso schmutzigen Flasche einen roten Saft. Diesen sollte der Kranke am Abschluss der Zeremonie trinken.

Bahandur fragte den Mann, ob er schon Reis gehabt habe. Der Mann verneinte. Bahandur und der Mann aßen zusammen Reis.

Der Mann sagte, er wisse nicht, ob er den Kranken heilen könnte. Vielleicht müsse Bahandur zu einem Sarki gehen, der habe mehr Macht. Der Junge sei verhext. Bahandur gab dem Mann 40 Rupien.

Bahandur war mit seinem Neffen doch zum Krankenhaus gegangen. Das Bir-Hospital. In der Nähe von Sundara. Ein mehr graues Gebäude hinter einer Mauer. Die Farbe blätterte schon an einigen Stellen ab, an anderen waren grün-schwarze Algenteppiche zu sehen. Innen gab es lange kahle Flure mit Neonlicht und vielen Menschen. Bahandur wusste erst gar nicht wohin. Er musste seinen Neffen stützen. Der 56-Jährige stützte den 17-Jährigen. Dieser konnte kaum noch gehen, schleppte sich eher durch die Gänge des Hospitals. Blutabnahme! Man hatte sie zur Blutabnahme geschickt. Allen Leuten musste erst einmal Blut abgenommen werden. Eine lange Schlange von kranken, stöhnenden Menschen hatte sich im Vorraum der Blutabnahme gebildet. Es ging nur langsam vorwärts. In dem kalten, kargen Warteraum, der von einer Neonlampe ausgeleuchtet wurde, gab es so gut wie keine Sitzgelegenheit. Bahandur und sein Neffe stellten sich an und warteten und warteten und warteten. In der Schlange vor ihnen stöhnte eine Frau: »Ich kann nicht mehr! Warum hilft mir keiner? Ich kann nicht mehr!« Niemand reagierte. Es kam kein Arzt, es kam keine Schwester. Die Frau jammerte noch einmal: »Ich kann nicht mehr!« Dann brach sie zusammen, lag einfach neben den Wartenden auf dem Boden, bis sich zwei aus der Reihe erbarmten und sie auf einen der wenigen Stühle setzten.

Ein Nepali in einem gelben Gewand, offensichtlich ein Priester, fing laut an zu rufen: »Wir sind doch keine Schweine! Ihr lasst uns hier einfach sterben! Nur die Reichen werden gut behandelt!« Der diensthabende Arzt kam aus seiner Pause zurück. Die Tür zur Blutabnahme öffnete sich und eine gelangweilte Stimme sagte: »Der Nächste bitte!«

Die Ärzte hatten Bahandur gesagt, sie könnten ihm und dem Neffen nicht weiterhelfen, nicht hier in Kathmandu. Sie würden den Neffen ein paar Tage zur Beobachtung behalten, aber sie müssten ein Computerbild vom Rücken des Kranken machen. Das koste viel Geld, und das alles würde sehr lange dauern. Vielleicht in der Klinik in Pokhara, dort würde man manchmal sogar Patienten umsonst oder billiger behandeln.

Neben dem Hospital an der Straße wuchs ein alter Pipalbaum. Er hatte schon lange dort gestanden, bereits bevor man das Hospital gebaut hatte. Dieser Baum war knorrig und zerfurcht. Der Stamm des Baumes war bunt vom Puder der Gläubigen und mit weißen Bändern umwickelt. Bahandur führte beim Vorbeigehen die Hand zur Stirn und dann zur Brust. Diese Geste bedeutet »Darsun garnu!«, ein Zeichen von Respekt und Ehrfurcht. Dann ging er auf einen kleinen Tempel zu, der sich auf der anderen Straßenseite befand. Er wartete, bis sich eine Lücke in dem fließenden Verkehr der hupenden Taxis, Tempos und Kleinbusse ergab. In dem kleinen Tempel gegenüber dem Hospital betete Bahandur für die Genesung des Kranken. Danach machte er sich auf, auf den Weg nach Indrazok.

Angekommen in dem Zimmer seiner Kinder sagte Bahandur, dass er Geld brauchte. 4 000 Rupien. Der älteren Tochter standen die Tränen in den Augen. Sie bat den Herrn Vater um Entschuldigung, aber das Geld würde von den Kindern für Miete und Essen verbraucht, auch müsse man eine Schulgebühr bezahlen sowie Hefte und Stifte kaufen. Bahandur erwiderte, dass der Unsinn mit der Schule nun ein Ende habe. Wenn er den Neffen in Pokhara in das Krankenhaus gebracht hätte, dann würde er sich darum kümmern, dass die Töchter endlich einen Mann bekämen. Den jüngsten Sohn würde er wieder mit zurück in das Dorf nehmen, dort sollte er eines Tages den Hof übernehmen. Weinend gab ihm die Tochter 3 000 Rupien.

Die Götter hatten das Schicksal des Neffen anders bestimmt. Die Ärzte in Pokhara hatten Bahandur das Geld für die Computerbilder abgenommen, nur um ihm zu sagen, dass sie seinem Neffen nicht mehr helfen könnten. So lag der Neffe noch eine Woche im Krankenhaus. Gelähmt! Mann hatte ihm einen Plastikschlauch in den Arm gelegt. Bahandur sah von

Tag zu Tag, dass sein Neffe schwächer wurde und kaum noch sprach. Dann war er tot. Den Rest des Geldes hatte Bahandur für die Bestattungsfeierlichkeiten verbraucht und war dann zurückgefahren nach Kathmandu. Jetzt hatte er nicht viel mehr Geld in der Tasche als zu der Zeit, als er vom Dorf aufbrach.

In Kathmandu angekommen, suchte Bahandur erneut Indrazok auf. Er ging die Holztreppe in dem schiefen Treppenhaus hinauf. Die Tür vor dem Zimmer seiner Kinder wirkte verlassen. Wo sonst Schuhe standen, sah man nur noch den Holzboden. Bahandur klopfte. Nichts rührte sich. Er öffnete die Tür. Das Zimmer war leer.

Die letzte Nacht in Kathmandu schlief Bahandur wieder bei seiner Schwester. Er hatte sich auf das alte Sofa gelegt, während die Familie der Schwester vor dem Fernseher saß. Am nächsten Tag, sehr früh am Morgen, würde sein Bus fahren, zurück nach Debitar. Dort begann der lange Fußweg zurück in sein Dorf.

Maya und die Ziege

Maya war traurig! Während des Dashaifestes war Maya immer traurig. Obwohl die meisten Menschen um sie herum sich auf das Dashaifest freuten. Vor allem die Kinder. Da gab es für sie viele Geschenke und Süßigkeiten. Manche Kinder ließen um diese Zeit ihre Drachen in den blauen Himmel steigen. Aber für Maya war Dashai eine traurige Zeit. Wegen der Tiere und besonders wegen der Ziegen. Meist kaufte der Vater vor Dashai zwei Ziegen. Ein oder zwei Wochen vor dem Fest. Maya liebte es, wenn die Tiere meckernd im Hinterhof standen. Sie streichelte ihnen über den Kopf und spielte mit den Hörnern der Tiere, was diese gar nicht mochten. Dann lief sie an den Straßenrand und rupfte Gras, das sie ihr aus der Hand fraßen. So freundete sich Maya jeden Tag mehr mit den Ziegen an und gab ihnen sogar Namen. Vor dem Schlafen umarmte sie die Ziegen, was bei ihrem Vater meist ein Schimpfen auslöste. Er meinte, dass sie jetzt ganz nach »Kosie« stinken würde. So nennt man in Nepal einen jungen Ziegenbock, der eigentlich kein Bock mehr ist. Im Dorf nehmen die Leute zwei Steine und dann … Das Fleisch des Tieres soll so besser schmecken!

Die Freude, die Maya an ihren Ziegen hatte, fand jedes Jahr ein jähes Ende. Spätestens am neunten Tag des Dashaifestes. An diesem Tag wurde geschlachtet. Je näher der Tag kam, desto trauriger wurde Maya. Am Abend davor musste sie oft weinen und konnte kaum etwas essen. Sie suchte für die Ziegen dann besonders viel Gras und streichelte sie, sollten sie es doch am letzten Abend ihres Lebens besonders gut haben.

Auch dieses Dashai war es nicht anders. Der neunte Tag rückte näher und Maya wurde immer trauriger. Diesmal war es ganz schlimm, da der Vater nur eine Ziege gekauft hatte, für mehr reichte sein Geld nicht. Diese einzige Ziege hatte Maya besonders lieb. Sie konnte sich gar nicht vorstellen, dass ihrer Ziege der Kopf abgeschlagen werden sollte. Aber dann kam der besondere Tag. Schluchzend schmückte Maya ihre Ziege mit

Blumen und begleitete sie zum Tempel, wo sie geopfert werden sollte. Am liebsten wäre sie zu Hause geblieben, aber das war undenkbar. Ihr Vater bestand darauf, dass die ganze Familie bei der Zeremonie anwesend war. Das eigentliche Ritual wurde nur von den Männern und Priestern durchgeführt, aber Maya stand am niedrigen Zaun des Tempels und beobachtete alles, so dass es ihr jedes mal fast das Herz brach. Am schlimmsten fand sie immer, dass sie ihre liebgewonnene Ziege nach dem Schlachten auch noch essen musste. Sie fühlte sich dann so, als ob sie ihren Bruder essen würde.

Der Tempel, zu dem ihr Vater ging, lag mitten in der Stadt. Links und rechts vor dem Gebäude quälte sich der Straßenverkehr durch die engen Gassen von Kathmandu. Der Tempel befand sich auf einem engen gepflasterten Platz. Umzäunt wurde das kleine Gelände von einem niedrigen Gitter. Dieses war einmal mit roter Farbe gestrichen worden, die aber inzwischen wieder abblätterte.

Der Tempel selbst war ein kleines, quadratisches, aus roten Ziegeln bestehendes Gebäude mit einem alten Kupferdach. Direkt vor dem Tempel standen zwei große bunte Steinlöwen, die den Tempel bewachten. Seitlich am Eingang hing eine große Glocke. Die konnte man anstoßen, wenn man beten wolle. Die Glocke machte ein dumpfes »Boomm«, das lange und geheimnisvoll nachhallte. Diese Glocke war das einzige, was Maya an dem Tempel schön fand. In dem Gebäude, bestehend aus einem einzigem Raum, und das fand Maya dann gar nicht mehr schön, stand ein Steingott. Dieser kleine Steingott war der Grund, weswegen ihre Ziege sterben musste. Vor dem Tempelgelände waren schon andere Tiere an dem Gitter angebunden. Ziegen und sogar ein Schaf. Mann musste dem Gott opfern, was man ihm versprochen hatte. Das Blut der Tiere wurde danach vor den Tempel gegossen, aber auch vor Geschäfte und auf Autos. Die Leute sagten, das bringe Glück für das nächste Jahr. Maya aber ekelte sich vor dieser Zeremonie. Besonders schlimm fand sie das Warten. Vor allem, wenn sie mit ansehen musste, wie andere Tiere vor dem Tempel geschlachtet wurden. Ihr Vater sagte dann sehr streng zu ihr, sie solle endlich aufhören zu weinen, das Opfern sei schließlich Teil ihrer Kultur.

Als erstes wurde das Schaf geschlachtet. Den Mann, der das Schaf schlachtete, kannte Maya sehr gut. Es war der Topfhändler. Sie mochte den Topfhändler einfach gar nicht. Er war ein kleiner dicker Mann mit einer großen Hornbrille und vielen Haaren in den Ohren. Das Schlimmste aber war sein Lachen. Jedes Mal, wenn der Topfhändler lachte, glaubte Maya, er wolle sie fressen, weil er seinen Mund dabei so weit aufriss. Auch jetzt, während der Topfhändler sein Schaf schlachtete, grinste er gemein. Maya fragte sich im Stillen, wie man nur so grinsen kann, wenn man ein Tier tötet. Der Topfhändler nahm ein langes großes Messer, stach es dem Schaf in den Hals und drehte dabei das Messer im Hals herum. Das Schaf bäumte sich auf und stöhnte laut, während ein Blutstrahl aus dem Hals herausspritzte. Der Topfhändler hielt eine Schale unter den Hals, um das Blut aufzufangen. Das Schaf lag vor dem Tempel zuckend und röchelnd, dann war es vorbei. Es war zusammengesackt und streckte alle Viere von sich. Dann kam ein Mann mit weißer Hose und grauer Weste und schleifte den Kadaver dreimal im Kreis um das Tempelgebäude.

Das Ganze war für Maya schon schlimm genug gewesen. Ihre Kehle war wie zugeschnürt und ihre Augen waren feucht, während sie ihre Ziege an der Leine hielt. Aber jetzt sah Maya etwas, was sie noch nie in ihrem Leben gesehen hatte. Ihr Tier, ja, ihre Ziege, weinte. Das Tier vergoss Tränen, die aus den Augen herabliefen und in den Staub fielen. Ohne zu überlegen drehte sich Maya um, zerrte an der Ziege und fing an zu laufen. Nur weg von diesem Tempel, weg aus der Stadt, weg von diesem Gott, den man nur mit Blut zufrieden stellen konnte. Maya hörte nicht auf die hupenden Autos oder die Motorräder. Sie war so schnell mit ihrer Ziege verschwunden, dass die Leute am Tempel gar nicht begriffen hatten, was geschehen war. Sie lief und lief und das Tier schien zu verstehen warum und lief mit.

Maya wusste zuerst nicht wohin. Nur eines war ihr klar: In der Stadt konnte sie nicht bleiben. Ihr Vater würde sie schrecklich schlagen und die Ziege müsste trotzdem sterben.

Dass ihr Vater sie schlagen würde, war so gewiss wie der nächste Tag, aber wenn schon, dann sollte die Ziege davonkommen. Maya wollte, dass das Töten endlich aufhörte. Vielleicht wäre der Gott gar nicht böse, wenn man ihm nur Blumen opferte?

Maya hatte das der Statue schon oft heimlich gesagt, aber sie antwortete nie.

So lief Maya mit ihrer Ziege im Schlepptau durch Kathmandu. Sie musste sich etwas einfallen lassen. Da kam ihr der rettende Gedanke. Sie würde erzählen, dass sie mit der Ziege nach Bagdapur müsse, weil dort ihre Familie zum Dashai sei. Vielleicht konnte ihr jemand, der sie kannte, für den Bus Geld leihen. Es gab einen Gemüseladen, in dem Maya oft einkaufte. Die Frau im Gemüseladen machte große Augen, als Maya mit ihrer Ziege ankam. Maya erzählte ihre Geschichte: Dass sie zum Großvater nach Bagdapur müsse, der bräuchte noch eine Ziege, und sie habe ihr Geld verloren und Vater würde furchtbar böse und ... Die Gemüsehändlerin schaute zuerst etwas ungläubig, dann aber lächelte sie, als sie das arme, aufgelöste Mädchen sah. Maya versicherte, sie würde ihr das Geld bestimmt bald wiedergeben, sie würde es abarbeiten, nur dürfte sie dem Vater nichts sagen.

Die Frau im Gemüseladen ahnte schon die Wahrheit, aber weil Dashai war und sie mit dem Kind Mitleid hatte, gab sie dem Mädchen das Geld für ein Busticket, nur musste Maya ihr versprechen, am selben Tag, noch vor Dunkelheit, zurückzukommen. Maya quetschte ihre Ziege in den schaukelnden Bus, der voller Menschen war. Die Leute freuten sich gar nicht, den wenigen Platz noch mit einem Tier teilen zu müssen, aber das war Maya egal. In Bagdapur stieg sie nicht gleich aus, sondern fuhr etwas weiter, bis der Bus den Stadtrand erreichte, wo die Häuser weniger wurden und viele Felder zu sehen waren. Hier verließ sie mit ihrer Ziege den

Bus und lief in der Nachmittagssonne einen Weg entlang, bis sie zu einem Wald kam, der an einem Hügel lag. Auch in den Wald lief die Ziege folgsam. Eine Zeitlang war Maya in dem Wald unterwegs, in dem es stetig bergauf ging. Sie war schon sehr müde, als sie endlich auf dem Gipfel des Hügels ankam.

In der Ferne ragten große weiße Berge auf und über ihr kreisten Adler am blauen Himmel. Maya wusste, dass sie am Ziel war. Sie nahm ihrer Ziege die Leine ab, umarmte sie noch einmal und gab ihr einen Kuss. Dann sagte sie:

»Lauf so schnell du kannst auf die weißen Berge zu und wenn dich doch der Tiger frisst, dann wünsche ich dir, dass du im nächsten Leben ein Hund wirst, der wird wenigstens nicht geopfert, sondern nur mit Steinen beworfen.«

Von dem Dummen und dem Faulen

In einem kleinen Dorf in Nepal lebten zwei Brüder. Der eine war faul und geizig, der andere fleißig. So kam es, dass der Fleißige immer die Arbeit für den Faulen erledigen musste.

Und weil er dazu auch noch dumm war, wurde es jedes Jahr ein Stück mehr an Arbeit. Eines Tages sagte die Frau von dem fleißigen Dummen:

»So geht das nicht mehr weiter! Die Kinder haben bald nichts mehr zu essen, weil du nur noch für deinen faulen Bruder arbeitest! Überleg dir was, sonst suche ich mir einen anderen Mann!«

Da war der Fleißige sehr traurig und setzte sich vor sein Haus, aber es wollte ihm einfach nichts einfallen. Schließlich sagte er sich: »Morgen breche ich auf und gehe nach Kathmandu, vielleicht finde ich dort Arbeit und bringe viel Geld mit nach Hause. Dann werden alle glücklich sein!«

Am nächsten Morgen verabschiedete er sich von seiner Frau und den Kindern, setzte sein Topi auf, steckte sich einige Münzen in die Westentasche, nahm einen langen Stock und machte sich auf den Weg. Und er lief und lief und lief. Über hohe Berge und grüne Täler führte ihn der Weg. Am Mittag setzte er sich unter einen Pipalbaum und schlief bald darauf ein. Dabei fiel ihm das Topi vom Kopf und wurde gleich darauf von einem heftigen Windstoß in den nächsten Strauch geweht.

Als der fleißige Dumme wieder aufwachte, fragte er sich: »Ei, wo ist denn mein Topi?« Er blickte sich um und wunderte sich. »Da gibt es einen Strauch, auf dem Topis wachsen!« Er pflückte sein Topi ab und ging den Weg weiter. Einige Stunden später wurde es Abend und der fleißige Dumme suchte sich am Wegrand, neben einem Busch, einen Platz für die Nacht. Um zu wissen, in welche Richtung er am nächsten Tag weiterlaufen müsste, legte er seinen Wanderstab mit dem spitzen Ende in die Wegrichtung. Er sah in die Sterne, verschränkte die Arme unter dem Kopf, summte ein Lied und war bald darauf eingeschlafen. In der Nacht kam jedoch ein Hund und spielte mit dem Stock, der auf dem Weg lag. Am nächsten Morgen wachte der fleißige Dumme auf, kratzte sich am Kopf, sah seinen Stock auf dem Weg liegen, kratzte sich noch einmal und machte sich auf.

Unterwegs kam er an ein Haus und wollte Tee trinken. Wie erschrak er, als er feststellen musste, dass sein Geld weg war. Die Weste hatte nämlich ein großes Loch. Also ging er ohne den Tee weiter. Doch nun gab es für den fleißigen Dummen eine schöne Überraschung. Überall auf dem Weg fand er Geldmünzen. Und plötzlich kam der fleißige Dumme aus dem Staunen nicht mehr heraus. Er stand wieder vor seinem Dorf. Mit dem ganzen Geld in der Hand ging er direkt zu dem Haus seines Bruders und berichtete freudig:

»Man braucht gar nicht bis nach Kathmandu zu gehen, auf dem Weg liegt das Geld nur so herum, und auf den Sträuchern wachsen die Topis!«

Nachdem der faule und geizige Bruder das gehört hatte, machte er sich gleich auf und wurde seitdem nie mehr gesehen.

Glossar

Bagmati	Fluss in Kathmandu
Bound Kaste	Priesterkaste, höchste Kaste in Nepal
Chetri	Kriegerkaste, zweithöchste Kaste
Damei	untere Kaste in Nepal, nähen oder schneidern beruflich, hoher Bevölkerungsanteil
Dasai Kali	Tempelanlage außerhalb Kathmandus
Indrazok	Stadtteil in Kathmandu, benannt nach einem Tempel
Jogi	heiliger Mann in Indien
Kali	Göttin des Todes und der Zerstörung, meist schwarz dargestellt, wird in Nepal auch als Durga bezeichnet
Kantipath	Stadtteil in Kathmandu
Khukuri	das Hauptmesser in Nepal
Kulisor	Stadtteil in Kathmandu
Kurtta	Kleidungsstück für Frauen im Alltag, einen Sari tragen sie bevorzugt an Feiertagen
Lama	Priester oder Mönch im tibetischen Buddhismus, der Dalei Lama ist dessens geistiges Oberhaupt
Liku Kola	Fluss in Ost-Nepal
Lodge	Herberge
Mandalas	religiöse Malerei zur Meditation
Maobadi	Rebellengruppe, seit 1996 aktiv
Mount Fish Tail	auch das Matterhorn des Himalaya oder Machapusre genannt
Nerva	Kaste/ Volk in Nepal, wohnen größtenteils im Kathmandutal
Okaldunga	Ort in Ostnepal
Paschupanipath	Ort für Bestattungen in Kathmandu mit ausgedehnter Tempelanlage
Puja	Gebetsritual oder religiöse Zeremonie

Sadhu	Asket, der sein Leben dem Gott Shiva weiht
Sanskrit	Indogermanische Sprache, in der religiöse Texte verfasst sind
Sarki	Begriff auf dem nepalesischen Okkultismus, ein starker Medizinmann
Sherpa	Volksstamm, ansässig in der Everestregion
Shiva	einer der Hauptgottheiten im Hinduismus
Sitar	Saiteninstrument in Indien und Nepal
Stupa	turmartige Spitze einer Tempelanlage, Denkmal und Symbol für Buddha und die Religion des Buddhismus
Sundara	berühmter Turm in Kathmandu
Tempo	motorisierte Rikscha
Tengboche	Ort im Everest-Gebiet mit einem berühmten Kloster
Terai	nepalesischer Teil der Gangesebene, entwickelte sich in den vergangenen 50 Jahren zu einem Wirtschaftszentrum. In diesem Teil des Landes, der 14 Prozent der Gesamtfläche Nepals ausmacht, leben 47 Prozent der Gesamtbevölkerung.
Thamel	Stadtteil von Kathmandu, der sich zum touristischen Zentrum entwickelt hat
Ticka	Zeichen, dass man an einer hinduistischen Zeremonie teilgenommen hat
Tiger	die erwähnten Tiger sind Bergkatzen, Tiger gibt es im Terai
Tik chaa!	»Alles ok!«
Topi	Kopfbedeckung der Männer in Nepal
Verbindungsoffizier	Für Expeditionsberge ist ein Verbindungsoffizier in Nepal erforderlich.

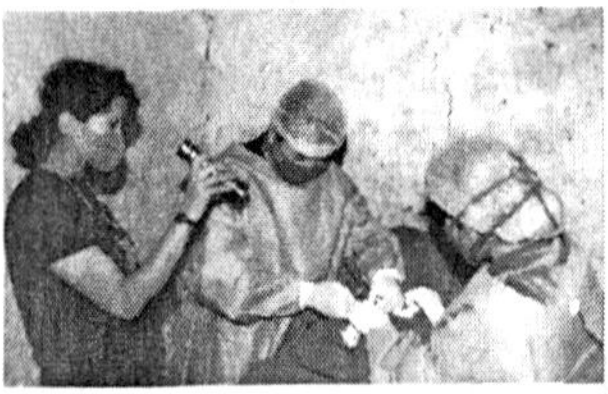

Helfen Sie, den medizinischen Notstand in Nepal zu lindern und die Gesundheitsversorgung auszubauen...

Ein Beitrag ist die privatfinanzierte Krankenstation in Bolde sowie die Unterstützung des Mutterkrankenhauses in Dhulikhel.

Im Vertrauen auf Ihre Mithilfe dürfen wir Ihnen versichern, dass kein Cent Ihres Geldes in der Verwaltung verloren geht und Sie auf Wunsch natürlich eine Spendenquittung erhalten.

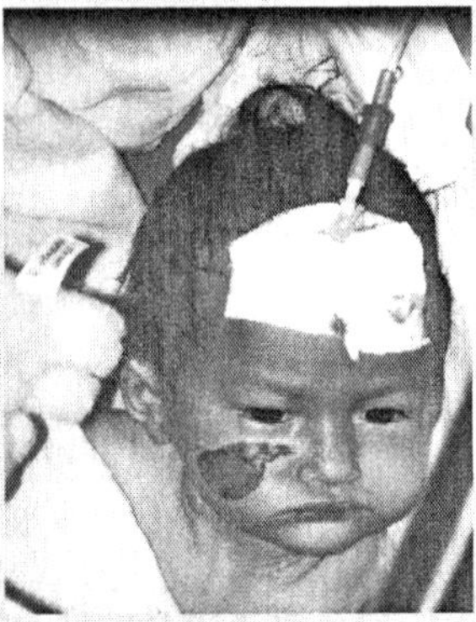

Spendenkonten:

Raiffeisenbank Gilching, Namaste Stiftung, Kto 345, BLZ 701 693 82

Kontaktadressen:

Ursula und Horst Schmel, Landsberger Str. 40, 82205 Gilching, 08105/9496

Rosi und Sepp Friedl, 08105/22627; Erna Scheuermann und Klaus Schuler, 0881/41415